地域を支える人材を育てる
生活支援の基本テキスト

はじめて学ぶ 生活支援

監修 公益社団法人 長寿社会文化協会

第2版

**生活支援サービス従事者
介護ボランティア 向け**

介護予防・生活支援サービス事業対応

日本医療企画

はじめに

　世界一の超高齢社会に突入した日本では、世界一高齢者や家族が幸福で安心できる社会にしていくことが望まれています。

　そのために「地域包括ケア」では病気や障害への専門的なケアや連携が求められています。それとあわせて、台所に立って調理ができない、買い物に行けない、ゴミを出せない、屈んだ姿勢で浴室やトイレの掃除ができない、衣服の洗濯ができない――など暮らしを整えることができない人への支援が求められています。

　この『はじめて学ぶ 生活支援』は、高齢社会の暮らしを地域から支える人材育成を目的としています。特に介護保険サービスから市町村の総合事業へと要支援の訪問介護のサービス利用者が移行するなかで、介護福祉士やヘルパーと連携しながら、自宅を訪問し生活支援を提供するあらたな人材が求められています。

　超高齢社会では「地域貢献」や「暮らしを支える支援」「生活支援のボランティア」など、すべての人にできる範囲で参加していただき、地域を支えてほしいと考えます。

　介護保険のサービスと地域の資源と地域の人々で、高齢になっても安心して暮らし続けることができる地域社会をつくり出しましょう。

　このテキストは元気な高齢者、若者、学生、主婦、働きながらボランティアしたい人など、地域を支える人が対象です。しかし、個人の自宅を訪問して行う生活支援は一人ひとりの歴史と価値観を持った人への支援であり、その人の尊厳を保持すること、高齢者自身を理解すること、生活支援の技術などの基本が大切です。

　第1章では超高齢社会と介護・福祉の理解、第2章では生活支援のための知識と技術、そして、地域での生活支援の働き方やボランティア団体のつくり方など実践的な内容や事例がイラスト等でわかりやすく描かれています。

　地域社会デビューの第一歩にお役立てください。

　感想、ご意見もお待ちしています。

監修者　公益社団法人 長寿社会文化協会

元理事長　服部万里子

本書の特徴と使い方

○本文について

読みやすい文字のフォント、大きさで、簡潔な文章で書いています。また、図や表を使って内容が整理してあるので、短時間での学習に適しています。

○学習のポイント

各セクションのはじめに「学習のポイント」を入れています。そのセクションでどういったことを学ぶのかを示すことで、学習をはじめやすいようにしています。

○チェックポイント

セクションの終わりには、「チェックポイント」が書かれています。セクションで学ぶ要点を簡潔にまとめているので、理解できていないことがあれば、もう一度その項目を読み直しましょう。生活支援をはじめたあとでも、ときどきチェックポイントを読み返すとよいでしょう。

○コラム

コラムには、覚えておくとよいこと、知っておくと役立つことが載っています。学習の合間に読んでおくとよいでしょう。

○巻末資料

巻末資料には、介護職を目指す人に向けた介護専門職のキャリアパスの解説と、生活支援などにおける、組織や活動のグループづくりの方法を盛り込んでいます。実際に生活支援を行うときに役立ててください。

○表記について

本書では、生活支援を受ける対象者を「利用者」、生活支援を行う者を「生活支援サービス従事者」と表記しています。

目次

はじめに …………………………………………………… 2
本書の特徴と使い方 ……………………………………… 3

第1章　超高齢社会の理解／介護・福祉の理解

§1　超高齢社会を迎えた日本

1　日本の今と将来の形 ………………………………… 8
2　少子高齢化が変える日本の社会 …………………… 10
3　安心して暮らせる社会をめざして ………………… 12

§2　介護保険制度の理解

1　介護保険制度の仕組み ……………………………… 14
2　介護保険等のいろいろなサービス ………………… 16
3　介護予防・日常生活支援総合事業のあらまし … 20
コラム　ボランティアの定義と期待される役割 ……… 22

第2章　生活支援のための知識と技術

§1　尊厳の保持と自立支援——介護・福祉の理念

1　尊厳を守ることの大切さ …………………………… 24
2　「自立」を支援することの意味を考える ………… 26
3　生活支援サービス従事者に求められる
　　コンプライアンス ………………………………… 28
4　生活支援サービス従事者の働き方 ………………… 30
コラム　生活支援Q&A ………………………………… 31

§2　高齢者の疾病の理解

1　高齢者の身体の変化 ………………………………… 32

コラム	高齢者の気持ちを実感できる疑似体験プログラム「うらしま太郎」と「つくし君」	37
2	高齢者の心理の理解	38
3	高齢者の生活の変化	40
コラム	フレイル──筋力低下による虚弱	42
4	認知症の正しい理解	43
コラム	認知症疑似体験プログラム	45
5	認知症ケアを学ぶ	46
コラム	認知症の人の家族の気持ち	47
6	高齢者の家族の理解	48
コラム	家族介護者の会	49

§3 コミュニケーション技術

1	コミュニケーション	50
2	いろいろなコミュニケーション	52

§4 生活支援技術

1	生活支援の理解	54
コラム	訪問時の接遇・マナー	55
2	市町村の総合事業における生活支援	56
3	高齢者の栄養と食生活への支援	57
コラム	飲んでいる薬と食事の関係	63
4	高齢者の衣生活への支援	66
コラム	衣服の選択を自分でするために	69
5	高齢者の居住生活への支援	70
6	高齢者の買い物の支援	72

目次

§5 リスクマネジメントと緊急時の対応

1 支援時に注意すべきこと、安全管理の方法 …… 74
2 緊急時の対応法 ………………………………… 77
コラム こんなときどうしますか？
生活支援サービスで困ったこと ……………… 80

巻末資料

1 介護専門職のキャリアパス ………………………………… 82
2 組織・活動グループづくり ………………………………… 84

参考文献 ………………………………………………………… 89
監修、編集・執筆協力者一覧 …………………………………… 90

第1章

超高齢社会の理解／介護・福祉の理解

第1章　超高齢社会の理解／介護・福祉の理解

§1 超高齢社会を迎えた日本

> **学習のポイント**
> ・日本の総人口、出生率、少子高齢化について理解しましょう。
> ・高齢になるにつれて、要介護者が増えることを理解しましょう。

1 日本の今と将来の形

① 人口は減っている

　以前は"人口は増えるもの"というイメージがありましたが、最近の日本では人口は減少傾向にあります。2016（平成28）年10月1日現在の日本の人口は約1億2,693万人で、6年連続の減少となりました。

　生まれる赤ちゃんが減っていることが、その理由の1つです（出生率の低下）。それとともに、社会を支える15～65歳の、いわゆる現役世代の人口も年々減少しています（生産年齢人口の低下）。

　その一方、長生きする人は増えています。2014（平成26）年には、「日本人の約4人に1人は高齢者」となり、2016（平成28）年現在の高齢化率は27.3％となっています。高齢者の人口は、いわゆる「団塊の世代」が75歳以上になる2025（平成37）年には、3,677万人に達すると見込まれています。

② 高齢者の健康と介護

　高齢になると、病気やケガなど、健康状態について自覚症状を訴える人（有訴者）が多くなります。年齢が高くなるほどその傾向は強くなり、日常生活

に支障が出てくる人も増えてきます。具体的な影響をみてみると、日常生活動作の支障（起床、衣服着脱、食事、入浴などに支障がある）や外出時の支障（時間や作業量などが制限される）が多く、次いで仕事・家事・学業や運動となっています。

また、事故にあう危険も高まっていきます。事故発生場所は住宅内が最も多く、住宅内では「居室」45.0％、「階段」18.7％、「台所・食堂」17.0％（平成25年公表）が多く、ほかにも、入浴中の事故死も多くなっています。2016（平成28）年の家庭の浴槽での溺死者数は5,138人で、そのうちの約9割が65歳以上の高齢者となっています。また、2016（平成28）年中における65歳以上の高齢者の交通事故死者数は2,138人で、交通事故死者数全体を占める高齢者の割合は54.8％となり、過去最高となりました。

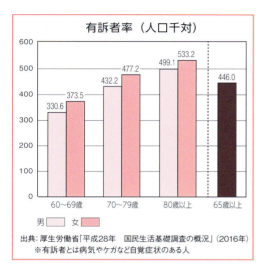

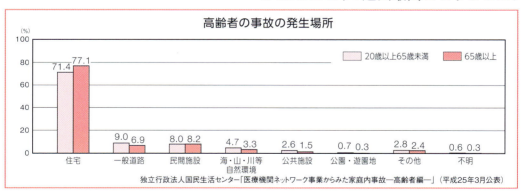

介護が必要になる人も年齢とともに多くなっていきます。要支援または要介護と認定された高齢者の人数は、2000（平成12）年の介護保険制度創設時は約218万人でしたが、2014（平成26）年には、約591.8万人と3倍近くに増えています。

第1章　超高齢社会の理解／介護・福祉の理解

2 少子高齢化が変える日本の社会

①高齢者像の変化

　高齢者の定義にはいろいろありますが、ここでは世界保健機構（WHO）が定義する65歳以上を高齢者と呼ぶことにします。一口に高齢者と言っても、実際に要支援や要介護と認定される高齢者は、全体の2割未満です。残りの約8割の高齢者は介護を必要としない元気な高齢者です。しかし、75歳以上では3人に1人、80歳以上では2人に1人が介護保険サービスを利用しています。

　現在、日本人の平均寿命は女性が87歳を超え、男性も80歳を超えています。いずれも過去最高を更新しています。現在の高齢者は、とくに1947～1949（昭和22～24）年に生まれた、いわゆる「団塊の世代」が多くなっています。厚生労働省の調査によると、この世代は比較的健康状態のよい人が多く、元気な高齢者が増えています。

　しかし、この世代が平均寿命を超える85歳以上となる2035（平成47）年には、要介護者が飛躍的に増加するとみられています。それに伴い、高齢人口の大都市への集中や、高齢者のみやひとり暮らし世帯の増加が見込まれています。また、亡くなる人も増えて、多死社会を迎えると考えられており、その対策が急務となっています。

②高齢者を社会全体で支える

　かつての日本では、高齢者の介護は家族が行ってきました。しかし、少子高齢化や核家族化の進展、単独世帯の増加等による家族形態の変化、女性の社会進出の影響もあり、家族だけでは介護を必要とする人を支えきれなくなってきました。そこで、社会全体で高齢者と家族を支える仕組みとして、2000（平成12）年に介護保険制度が誕生しました。しかし、現在はひとり暮らしが介護が必要な人の世帯でトップです。

　日本の高齢化は、かつてどの国も経験したことのないスピードで進んでいます。介護保険制度は、定期的に見直され、制度を維持・改善するための改正が行われています。改正は、2000（平成12）年のスタート後、2005（平成17）年、2008（平成20）年、2011（平成23）年、2014（平成26）年、2017（平成29）年と改正が行われ、2018（平成30）年からは3割負担も導入されました。

3 安心して暮らせる社会をめざして

①地域包括ケアシステムの構築へ

　介護が必要になっても、高齢者が住み慣れた地域で自分らしく暮らすために、2011（平成23）年の介護保険制度の改正では、「地域包括ケアシステム」の実現に向けた取り組みを進めていくことが基本方針とされました。

　地域包括ケアシステムとは、介護保険サービスを受けている要介護者等や支援を必要としている人が、自宅からおおむね30分以内の日常生活圏域（中学校区を基本とする）において「介護」「医療」「予防」「住まい」「生活支援」という5つのサービスを適切に受けることができる地域の体制をいいます。

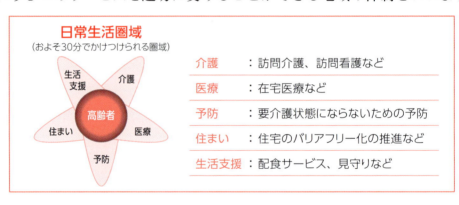

②暮らし続けられる地域づくり

　内閣府（平成25年度版高齢社会白書）によると、自分が介護が必要になった場合に、「自宅で介護してほしい」が男性は42.2％、女性は30.2％、自宅以外では「介護老人福祉施設に入所したい」（男性18.3％、女性19.1％）、「病院などの医療機関に入院したい」（男性16.7％、女性23.1％）、「介護老人保健施設を利用したい」（男性11.3％、女性11.2％）であり、男女とも自宅で介護してほしいという人がもっとも多くなっています。そのようなニーズを受け、国は政策として在宅医療・介護の普及を推進しています。

　在宅医療・介護の普及のためには、従来の食事や入浴などの身体介護だけでなく、買い物や外出と言った生活面での支援、生活の見守りや安否の確認

が必要になります。

③ 地域住民に求められる役割

　たとえ高齢になっても、住み慣れた家や地域で暮らし続けられるようにするためには、行政の力だけでなく、介護事業者、NPO法人、民間企業、そして地域住民らによる多様な力を活用する必要があります。地域の高齢者を、地域住民一人ひとりが担い手となって、支えることが求められています。

　なかでも、長い人生で培ってきた高齢者の豊かな経験や知識は、地域のなかで次世代へと受け継いでいくべき財産です。そして、これからますます進む超高齢社会では、元気な高齢者がその可能性や潜在力を発揮して、介護・福祉分野や地域のまちづくりなどで、地域社会の担い手として活躍することが期待されています。現役世代の能力を活かした活動や興味・関心がある活動、そして新たにチャレンジする活動などの社会参加は、高齢期における健康や生きがいづくりにもつながります。また、活動を通して医療や福祉の専門職らとつながることで、将来自分に介護等の支援が必要になった場合の対応を学べます。

　元気な高齢者が「地域の担い手」の一人となり、地域で元気に活躍することで、地域の共助の輪が広がり、住み慣れた地域で健康で自立した生活が続くことが望まれています。

チェックポイント

・日本の少子高齢化の現状を理解できましたか？
・地域づくりの大切さを理解できましたか？
・地域住民に求められている役割を理解できましたか？

第1章　超高齢社会の理解／介護・福祉の理解

§2 介護保険制度の理解

> **学習のポイント**
> ・介護保険制度の仕組みを理解しましょう。
> ・介護予防・日常生活支援総合事業の仕組みを理解しましょう。

1 介護保険制度の仕組み

①介護保険制度の理念

　本人がそれまでの人生で培ってきた意思や主体性を尊重し、必要な支援をすることが介護の理念です。その理念に基づき設けられたのが介護保険法です。介護保険法の目的は、次のように定められています。

> **介護保険法第1条**
> 　この法律は、加齢に伴って生ずる心身の変化に起因する疾病等により要介護状態となり、入浴、排せつ、食事等の介護、機能訓練並びに看護及び療養上の管理その他の医療を要する者等について、これらの者が尊厳を保持し、その有する能力に応じ自立した日常生活を営むことができるよう、必要な保健医療サービス及び福祉サービスに係る給付を行うため、国民の共同連帯の理念に基づき介護保険制度を設け、その行う保険給付等に関して必要な事項を定め、もって国民の保健医療の向上及び福祉の増進を図ることを目的とする。

　特徴は、「個人の尊厳」「自立生活の促進」を掲げているところです。また、生活保護のような社会扶助ではなく、保険料と税金を半分ずつを財源とする社会保険方式をとり、介護サービス等の費用は国民の共同連帯の理念に基づいて支えていくという考え方を明確にしています。

介護保険制度の理解

②要介護認定の申請からサービス開始まで

介護保険では、市町村（特別区含む。以下同）から介護が必要と認定されなければ給付が受けられません。給付には、要介護者への介護給付、要支援者への予防給付、各市町村独自の市町村特別給付があります。

要介護認定の申請から認定までの流れは次のとおりです。

※「介護予防・日常生活支援総合事業」については20ページを参照

申請
↓　本人のほか、家族、地域包括支援センターなどが代行できます。

認定調査・主治医の意見書
↓　市町村は主治医に意見書の記入を求め、自宅等に調査員が訪問して、全国一律の調査票を用いて心身の状態や生活の状況などを調査します。

認定の決定・通知
↓　市町村から介護保険証とともに結果が郵送されてきます。認定結果に異議があるときは、30日以内に申し立てをすることができます。

介護サービス計画（ケアプラン）作成
↓　要介護者が自宅で介護を受ける場合は、サービスを利用するため、ケアプランの作成を居宅介護支援事業者に依頼します。ケアプランとは、介護保険サービスを受けるうえで必要な「計画書」です。ケアプランは自分で作成することもできます。要支援者は、地域包括支援センターが介護予防ケアプランを作成します。

サービスの利用

認定は「要支援1～2」（予防的に援助が必要、または日常生活を営むのに支障がある）、「要介護1～5」（常時介護を要する）の7段階に分かれています。
「該当しない人」は、基本チェックリストの判定を受け、介護予防・生活支援サービス事業対象者となることができます。

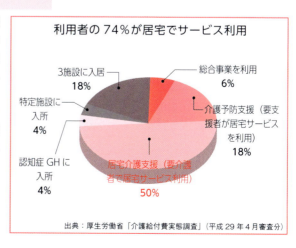

利用者の74％が居宅でサービス利用

- 3施設に入居 18%
- 特定施設に入所 4%
- 認知症GHに入所 4%
- 居宅介護支援（要介護者で居宅サービス利用）50%
- 介護予防支援（要支援者が居宅サービスを利用）18%
- 総合事業を利用 6%

出典：厚生労働省「介護給付費実態調査」（平成29年4月審査分）

第1章　超高齢社会の理解／介護・福祉の理解

2 介護保険等のいろいろなサービス

①介護保険サービスの分類

　介護保険のサービスには、居宅サービスと施設に入所して受ける施設サービスがあります。ここで居宅とは、自宅だけでなく、サービス付き高齢者向け住宅や有料老人ホーム、ケアハウス、シルバーハウジングなども含まれます。

　また、そのほかに市町村の住民のみが利用できるサービス（地域密着型サービス）があります。

居宅サービス 自宅やサービス付き高齢者向け住宅、 介護保険施設以外の施設で受けるサービス	施設サービス 以下の介護保険3施設で 受けるサービス
・訪問介護　　　　・訪問入浴介護 ・訪問看護　　　　・訪問リハビリテーション ・居宅療養管理指導　・通所介護（デイサービス） ・通所リハビリテーション（デイケア） ・短期入所生活介護（ショートステイ） ・短期入所療養介護 ・特定施設入居者生活介護（有料老人ホーム、ケアハウス等） ・福祉用具貸与　　・特定福祉用具販売 ・住宅改修	・介護老人福祉施設 ・介護老人保健施設 ・介護療養型医療施設 　（2024年3月末で廃止予定） ・介護医療院

地域密着型サービス 市町村の住民のみが受けられるサービス	
・定期巡回・随時対応型訪問介護看護	・夜間対応型訪問介護
・地域密着型通所介護	・認知症対応型通所介護
・認知症対応型共同生活介護（グループホーム）	・療養通所介護
・地域密着型介護老人福祉施設入所者生活介護	・地域密着型特定施設入居者生活介護
・看護小規模多機能型居宅介護	・小規模多機能型居宅介護

②居宅サービス

訪問系

- **訪問介護**：利用者の居宅（自宅など）を介護職員が訪問し、入浴、排せつ、食事などの介護やその他の日常生活の支援を行います。
- **訪問入浴介護**：利用者の居宅に移動式の浴槽を持ち込み入浴の介護を行います。
- **訪問看護**：看護師などが利用者の居宅に訪問し、療養上の世話や必要な診療の補助を行います。
- **訪問リハビリテーション**：理学療法士や作業療法士、言語聴覚士などが利用者の居宅を訪問し、リハビリテーションを行います。
- **居宅療養管理指導**：医師、歯科医師、薬剤師、管理栄養士などが利用者の居宅を訪問し、療養上の管理や指導を行います。

通所系

- **通所介護**：利用者がデイサービスセンターに通って、入浴、排せつ、食事などの介護や機能訓練を受けます。
- **通所リハビリテーション**：利用者が介護老人保健施設や医療機関のデイケアセンターなどに通って、理学療法士や作業療法士、言語聴覚士などによるリハビリテーションや介護を受けます。

短期入所系

- **短期入所生活介護**：利用者が施設などに短期間入所して、入浴、排せつ、食事などの介護や機能訓練を受けます。
- **短期入所療養介護**：利用者が医療機関、介護老人保健施設などに短期間入所して、看護や医学的管理のもとで介護や機能訓練を受けます。

入居系

- **特定施設入居者生活介護**：特定施設（有料老人ホームなど）に入居している要介護者を対象に、入浴、排せつ、食事などの介護や機能訓練を行います。

福祉用具

- **福祉用具貸与**：福祉用具の貸与を受けます。
- **特定福祉用具販売**：腰かけ便座や特殊尿器など貸与になじまない特定福祉用具を購入できます。
- **住宅改修**：要支援または要介護の人が、自宅での生活を続けるために、必要に応じて、手すりの取付けや段差解消などの住宅改造を行います。

③施設サービス

- **介護老人福祉施設**：特別養護老人ホームで、入浴、排せつ、食事などの介護その他の日常生活の世話、機能訓練、健康管理および療養上の世話を行います。
- **介護老人保健施設**：病状が安定した利用者が、介護やリハビリテーションを受け、在宅への復帰を目指します。
- **介護療養型医療施設**：一般病棟とは異なり、要介護者に長期にサービスを提供する施設です。なお、2024年3月末で廃止が予定されています。
- **介護医療院**：日常的な療養上の管理や看取りの機能と、生活施設としての機能を兼ね備えた新たな介護保険施設です。

④地域密着型サービス

訪問系（市町村の住民のみのサービス）

- **定期巡回・随時対応型訪問介護看護**：24時間365日、訪問介護と訪問看護を一体的に、または事業者間で連携しながら、介護職員は入浴、排せつその他の日常生活上の世話を、看護職員は療養上の世話や診療の補助といったサービスを行います。介護度別の日数単位での利用となります。
- **夜間対応型訪問介護**：夜間（22〜6時）に定期的な巡回または通報（24時間対応もあり）により、利用者の居宅を訪問し、定期的な排せつなどの介護の他に緊急時の対応などを行います。

通所系

- **地域密着型通所介護**：通いで、入浴、排せつ、食事などの介護、日常生活上の世話、機能訓練などを行います。居宅サービスの通所介護よりも事業所の規模が小さくなります。（定員18人以下）
- **認知症対応型通所介護**：認知症の人を対象としたデイサービス。入浴、排せつ、食事などの介護や機能訓練を行います。
- **療養通所介護**：医療ニーズの高い利用者が通所介護の施設に通い、食事や入浴などの日常生活上の支援や機能訓練を受けます。地域密着型通所介護に含まれるサービスです。

入居系

- **認知症対応型共同生活介護**：少人数で共同生活ができる住居で、認知症の高齢者に入浴、排せつ、食事などの介護・日常生活上の世話や機能訓練を行います。一般に、グループホームと呼ばれています。
- **地域密着型特定施設入居者生活介護**：入居定員29人以下の特定施設で、入浴、排せつ、食事などの介護その他の日常生活上の世話、機能訓練および療養上の世話を行います。
- **地域密着型介護老人福祉施設入所者生活介護**：入居定員29人以下の小規模の介護老人福祉施設で、入浴、排せつ、食事などの介護その他の日常生活上の世話、機能訓練および療養上の世話を行います。

その他

- **小規模多機能型居宅介護**：日中通うデイサービスを中心に、利用者の希望に応じ随時、訪問や宿泊のサービスを組み合わせて提供します。このサービスは1か月の介護度別の定額料金での利用となります。
- **看護小規模多機能型居宅介護**：小規模多機能型居宅介護のサービスに加え、必要に応じて訪問看護を提供します。要介護度や医療ニーズの高い高齢者に対応します。

第1章 超高齢社会の理解／介護・福祉の理解

3 介護予防・日常生活支援総合事業のあらまし

①介護予防・日常生活支援総合事業（総合事業）の概要

　要支援の方の訪問介護と通所介護が介護保険から市町村事業に変わったものです。また、要介護認定で「非該当」と判定されると、介護保険の給付対象とはなりません。しかし、市町村が実施する地域支援事業の介護予防・日常生活支援総合事業（以下、総合事業）によるサービスを受けることができます。

　総合事業は、介護保険の給付対象とならない高齢者、要支援高齢者を対象として心身の機能の維持・改善、介護予防をめざしたものです。総合事業には、すべての高齢者が対象となる一般介護予防事業と、要支援認定を受けた人と基本チェックリストで該当すると判断された人が対象となる介護予防・生活支援サービス事業の2つに分けられます。

　総合事業の財源は、介護給付や予防給付と同じく、国（25％）、都道府県、市町村（それぞれ12.5％）と第1号、第2号保険料でまかなわれます。

　2018（平成30）年4月から全市町村で行われています。

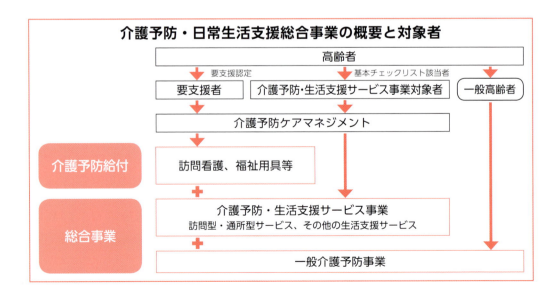

②介護予防・生活支援サービス事業のサービス類型と対象者

　総合事業の介護予防・生活支援サービス事業は、訪問型サービス、通所型サービス、その他の生活支援サービス、介護予防ケアマネジメントに分けられます。訪問型サービスは、要支援の介護や掃除、洗濯などの日常生活の支援を、通所型サービスでは、要支援のデイサービスや機能訓練、集いの場などを、その他の生活支援サービスは、栄養改善を目的とした配食や見守りなどを提供します。介護予防ケアマネジメントは、総合事業によるサービスなどが適切に提供できるようケアマネジメントを行います。それぞれのサービスはさらに項目が分かれています。本テキストでは、訪問型サービスの訪問型サービスAを担う人材の育成を想定して記述しています。

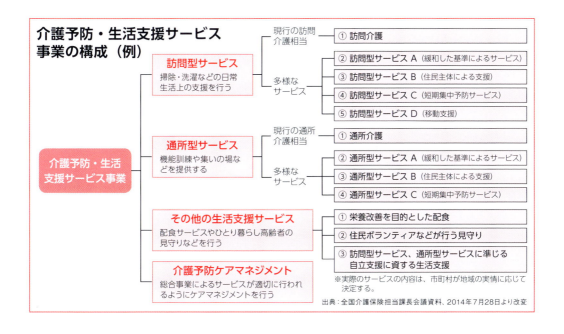

出典：全国介護保険担当課長会議資料、2014年7月28日より改変

チェックポイント

・介護保険制度の申請から認定までの流れを理解できましたか？
・介護保険で提供されるサービスの内容を理解できましたか？
・総合事業の対象者やサービス内容を理解できましたか？

第1章 超高齢社会の理解／介護・福祉の理解

コラム　ボランティアの定義と期待される役割

　ボランティアとは、市民一人ひとりの自発的・自主的な意思によって、社会を住みよくするための活動や必要とされている活動に携わることをいいます。介護や福祉の分野では、NPO法人（特定非営利法人）や各地の社会福祉協議会（民間の社会福祉活動を推進することを目的とし、営利を目的としない民間組織）、シルバー人材センター（「高齢者等の雇用の安定等に関する法律」に基づき、市区町村にひとつずつ設置されている公益法人）などの団体がボランティア活動の受け入れ先となり、主催していることが多くなっています。

　介護保険法の改正で、高齢者介護を通じた地域活性化と地域資源となる人材の養成のために、まだ数は多くありませんが、「介護支援ボランティア制度」を始めている自治体もあります。地方自治体が介護支援のボランティア活動を行った65歳以上の高齢者に対し、実績に応じて換金可能なポイントを付与する制度です。介護保険法の規定に基づき、地域支援事業交付金を財源として導入されました。

　ボランティアの活動は、病院や介護施設のほか、在宅介護が増えるにつれて今後は利用者の自宅での需要も増えてくるでしょう。これらの場所は、閉ざされがちな環境です。ボランティアという第三者の目が入ることや、ボランティアが持ち込む社会の刺激は、提供しているサービスの質の向上につながることでしょう。

　そして、住民同士だからできる「お互いさま」という関係性で、より身近な支援者として柔軟な支援を行い、専門職だけではまかないきれない支援の幅を補足することが期待されています。

第2章 生活支援のための知識と技術

第2章 生活支援のための知識と技術

§1 尊厳の保持と自立支援——介護・福祉の理念

> **学習のポイント**
>
> ・介護・福祉における「自立」の意味を理解しましょう。
> ・ボランティアの役割や求められるコンプライアンスについて理解しましょう。

1 尊厳を守ることの大切さ

①人権と尊厳

　人権とは、すべての人が生まれながらに持っている、人間らしく生きる権利のことです。また人は、心身に障害があっても、侵されてはならない誇り、つまり「尊厳」を持っています。人権を尊重することは、人間の尊厳を守ることになります。福祉の理念のうち最も基本となる考えです。

　我が国では、日本国憲法において、基本的人権が法的に保障されています。

> 第13条第1項　「すべて国民は、個人として尊重される。生命、自由及び幸福追求に対する国民の権利については、公共の福祉に反しない限り、立法その他の国政の上で、最大の尊重を必要とする」
> 第25条第1項　「すべて国民は、健康で文化的な最低限度の生活を営む権利を有する」
> 第25条第2項　「国は、すべての生活部面について、社会福祉、社会保障及び公衆衛生の向上及び増進に努めなければならない」

　基本的人権は、憲法ですべての国民に保障されていると同時に、国民が守るべき行動の指針でもあります。

② QOL とは

　QOL（Quality of Life）とは、「生活の質」のことです。生命の質、人生の質などと訳すこともあります。その人の人生に対する満足度や幸福感、生きがいなどの精神面の豊かさを含めた生活の考え方です。

　病気や障害、高齢などで、治療や介護が必要になると、今までは自分一人でできていたことができなくなったり、身体の自由が利かなくなったりするなど、生活能力が低下してしまうこともあるでしょう。しかし、生活に不自由が生じたとしても、その人の尊厳が奪われることがあってはなりません。そのため、高齢者介護などの福祉分野においてのQOLでは、「その人らしさ」を実現するということが重要になってきます。

③ ノーマライゼーションとは

　ノーマライゼーションとは、障害がある人も障害がない人と同じように、差別や偏見を受けず、基本的人権が保障され、普通の生活ができることをめざす考え方です。

　介護においては、身体の介助や日常生活の支援を通して、その人がその人らしく「普通の生活」ができるように支えていくことです。その人のQOLを高め、自分らしく生きられるようにすることをめざします。

第2章 生活支援のための知識と技術

2 「自立」を支援することの意味を考える

①介護における「自立」とは

　自立とは、自ら選択・決定し、実行することができる状態をいいます。たとえ障害や高齢により日常生活に支障をきたしている人であっても、すべてできなくても、一部でも自分でできることは自分ですること、また、手すりや杖を使い、介助を受けて自分でできるように支援することも自立に含まれます。また、実行は困難でも、自分のことを自分の意思で決定すること（自律）も含まれています。

　重度の認知症等で、意思を示すのが難しい状態になっても、以前のその人らしい生活を実現し、できる範囲で自分で行えるように支援することが大切です。

②自己決定を尊重する

　人はそれまで培ってきた価値観や信念をもっています。それは、若い人も高齢者も、たとえ認知症であっても同じです。利用者の生活と人生は、利用者のものです。支援をする側は、利用者の生き方や価値観に沿った自己決定（自律）をできるだけ尊重することが重要です。

③自立を支援することの意味

　人はどういう状況になっても、「自分のことはできるだけ自分でしたい」という自立の思いを持っています。

　自立の支援とは、利用者の代わりに生活支援サービス従事者がすべてを行うことではありません。利用者に残された能力（残存能力）があるにもかかわらず、できることまで支援してしまうと、その機能の低下を招くおそれがあります。そして、支援に依存する状態をもたらし、自立する機会を奪ってしまうことになりかねません。

④自立を支援する方法

　利用者の生き方や価値観に寄り添いながら、利用者本人が自分の意思や自分の力でできることを増やすことで、それを見守り支援をすることでその人なりの達成感を得られるような支援をしましょう。そうすることで、生活意欲を高め、生活支援を受けながらでもQOLを高めていくことができるでしょう。

第2章 生活支援のための知識と技術

3 生活支援サービス従事者に求められるコンプライアンス

①コンプライアンスとは

　最近コンプライアンスという言葉をよく耳にします。コンプライアンスは、「遵守」という意味で、企業などが法律や会社の規則など基本的なルールに従って活動することを指します。

　介護・福祉におけるコンプライアンスには、法令遵守や最低基準の遵守だけでなく、利用者の基本的人権を尊重することも含まれます。

②生活支援におけるコンプライアンスが必要な理由

　生活支援サービスは自治体が行う福祉サービスの一つであり、またボランティアとして生活支援サービス従事者を派遣するNPO等の団体は、企業ではありませんが、れっきとした組織です。派遣団体やそこに所属する生活支援サービス従事者は、組織の一員としてのコンプライアンスを徹底し個人の判断で支援をしてはいけません。

　コンプライアンスには、働き手がやるべきことを明確にするという意味もあります。具体的に、どのようにすると"良質なサービス"や"利用者個人の尊厳"につながるか——やるべきケアや方法、考え方、責任が明確になります。これらを明確にし、徹底することは、働くうえでの不安を解消し、組織としての信頼が得られ、さらには働きやすさや充実した仕事を保障することにもなります。また、問題が起こった場合にも、コンプライアンスを徹底していることが、働き手を守ることにもなります。

コンプライアンス

③生活支援におけるコンプライアンス

　生活支援サービス従事者は所属する組織（事業所）から指示を受け、サービスを提供します。生活支援サービス従事者は組織の一員であり、労働に対する対価は、組織から支払われます。利用者から直接受け取ることは禁止されています。たとえ利用者からの申し出であったとしても、お金や食べ物、物など、金品を受け取ってはいけません。

　利用者のなかには、認知症などで金品を渡したことを忘れてしまうこともあります。利用者の家族が金品がなくなっていることに気付き、問題になることもあります。利用者から物をいただかない、買い物支援などでは、何をいくらで買い、いくらのおつりがあったかを明確に伝えたり、必ず記録し利用者と確認することで疑いをもたれない姿勢をとるようにします。

　生活支援サービス従事者がとくに気をつけなければいけないことを挙げます。

⑴ プライバシーの尊重

　　生活支援サービス従事者は、利用者の自宅で支援することも多いでしょう。利用者が見られたくないもの、聞かれたくないことについては、活動上どうしても必要なとき以外は触れないようにします。ただし、事故などの緊急事態や、虐待が疑われる場合などは、利用者の安全を優先させます。

⑵ 個人情報の保護、守秘義務

　活動のなかで、利用者や家族の個人情報を知ることもあるでしょう。どんなささいなことでも、個人情報を自分の家族も含めて、第三者に漏らしては絶対にいけません。個人情報とは、氏名、生年月日、住所、家族構成など、あらゆる情報を含みます。

第2章　生活支援のための知識と技術

4 生活支援サービス従事者の働き方

　受講生の皆様が提供する生活支援サービスは、利用者の自宅を訪問し、生活支援を提供する「訪問型サービスA」が中心となるでしょう（21ページ参照）。

　訪問型サービスAの場合、事業所には、介護保険における訪問介護事業者よりも比較的緩和された人員基準が設定されています。基準に適合した事業所やNPO法人が市町村の指定を受けたり、市町村から委託されたりします。それらの事業所は、生活支援サービス従事者を雇用して、生活支援サービスを提供します。生活支援サービス従事者には、事業所から働きに応じて給与が支払われます。

　このような訪問型サービスAのほか、「訪問型サービスB」があります。住民主体の生活サポートサービスです。個人情報の保護などの最低限の基準が設定されています。この基準に適合した運営主体に、有償・無償のボランティアスタッフが所属し、生活支援サービスを提供します。

　サービスの内容からすると、AとBには違いがないようにも思えますが、Aの場合は、Bの場合よりも大きな責任とサービスの質が求められているといえます。

尊厳の保持と自立支援 —— 介護・福祉の理念

コラム　生活支援 Q&A

はじめて生活支援を行うときにはいろいろな不安があることでしょう。ここでは、よくある質問について紹介します。

Q1 利用者が車いすを使用している場合に気をつけることはなんですか？

A1 立ったまま話さないように気をつけましょう。利用者を上から見下ろすような状態をできるかぎり避け、話すときの目線の高さなどに注意しましょう。

Q2 視覚障害のある利用者とのコミュニケーションで気をつけることはなんですか？

A2 説明を一つひとつ言葉でていねいに行いましょう。また、食事などのときに、テーブルの上を時計の文字盤に見立てて配置を伝えるクロックポジションという手法があり、覚えておくとよいでしょう。

Q3 記録を書く場合に気をつけることはなんですか？

A3 読み手に伝わるよう簡潔な言葉で、ポイントを整理して書きましょう。5W1H（いつ：when、どこで：where、誰が：who、何を：what、なぜ：why、どのように・いくら：how）を意識して書くとよいでしょう。

❗チェックポイント

・福祉の基本理念である人権の尊重の大切さについて理解できましたか？
・介護・福祉における「自立」の意味を理解できましたか？
・生活支援サービス従事者に求められる役割を理解できましたか？

第2章　生活支援のための知識と技術

§2 高齢者の疾病の理解

学習のポイント

・高齢者に起こりやすい身体の変化を理解し、早期発見につなげましょう。
・変化の背景にある病気の可能性を理解し、早期治療につなげましょう。

1 高齢者の身体の変化

　若いころなら「これくらい大丈夫」と思いがちなちょっとした体調の変化も、高齢者では重大な病気につながる可能性があります。日ごろの状態を把握し、変化があればすぐに所属する団体、事業所の管理者や上司、医療職に相談しましょう。病気などの早期発見・早期治療につながります。

①バイタルサインの変化

　バイタルサインとは、体温、血圧、呼吸、意識、脈拍といった人が生きていくための生体情報をいいます。

(1) 体温

　体温の異常としては37.1℃以上の発熱と35℃以下の低体温があります。発熱の原因疾患として考えられるのは、感染症や悪性腫瘍、脱水などがあります。低体温では、栄養失調、甲状腺機能低下症などがあります。一般的に、電子体温計を使ってわきの下で測定します。

(2) 血圧

　血圧の異常としては、収縮期血圧（上）が140mmHg以上、拡張期血

圧（下）が90mmHg以上（日本高血圧学会）の高血圧と、収縮期血圧（上）が100mmHg以下、拡張期血圧（下）が60mmHg以下（世界保健機関）の低血圧があります。高血圧の原因は不明なことも多いのですが、腎臓病などが原因のこともあります。低血圧では、心不全、甲状腺機能低下症などが考えられます。一般的に、自動血圧測定器を使って、二の腕で測定します。

(3) 呼吸

呼吸回数は、安静時には1分間に15〜20回です。回数が多くなった場合には、発熱や心不全など、少なくなった場合には、脳血管疾患や睡眠薬の効きすぎなどが考えられます。回数や深さの変化、リズムの乱れがないかを観察します。

(4) 意識

「手足の動きが悪い」「ろれつが回らない」「なぜか今日は朝からずっと寝ている」といったときには、意識障害の可能性が疑われます。名前を呼んだり、軽く肩をたたくなどの刺激を加えたりしてその反応を確認します。

(5) 脈拍

脈拍数の異常として、安静時で1分間に100回以上の頻脈、反対に60回以下の徐脈があります。また、脈のリズムの異常として、不整脈があります。頻脈では感染症、徐脈では低体温や薬の効きすぎ、不整脈では心臓の異常などが考えられます。測定は一般的に、安静時に手首の親指内側で行います。

◆熱中症や脱水の予防

人の身体の60％は水分です。暑くて汗をかけば水分が不足し、身体の機能が働かなくなります。また、自宅内でも屋外でも気温が上がり、熱が身体にこもり、体温調節ができなくなると意識が朦朧とし、身体の機能が働かなくなります。夏場は高温多湿になる日本では注意が必要です。

②身体機能の変化

⑴ 表情・顔色

表情や顔色の変化は、身体に何かが起こったことを疑う最初のきっかけになります。苦痛や不安、苦悩の表情をしていないか、意識はあるか、ぼんやりしていないか、顔色は悪くないか、といった点に気を付けて観察しましょう。

⑵ 歯周病

歯周病は、歯を失うだけでなく、脳梗塞や心筋梗塞、心臓病、糖尿病、誤嚥性肺炎など、多くの病気を誘因することがわかっています。食事や歯磨き時の歯茎からの出血や、歯茎の腫れ、口臭などを観察します。

⑶ 尿・便

尿は、量や回数、色、性状（澄んでいるか、濁っているかなど）を観察することで、脱水の兆しをつかめるほか、細菌などによる尿路感染の重症化の予防や腎臓の病気の発見にもつながります。

便は、回数や量、臭い、色、形、混入物を観察します。便秘や下痢の有無、排便時の苦痛の有無についても注意しましょう。胆嚢や肝臓の異常、大腸がんなどの発見につながることがあります。

⑷ むくみ

むくみとは、指で押すと凹みができもどらない状態です。痛みはありません。さまざまな原因が複雑に絡みあって起こりますが、まず腎臓病や肝硬変によるタンパク不足、食事が十分にとれないことによる低栄養が考えられます。また、うっ血性心不全や腎不全による水やナトリウム貯留による体液量の増加、乳がんなどの手術によるリンパ節の切除や甲状腺機能の低下でも起こります。

(5) しびれ

しびれの背景には、糖尿病に伴う神経障害などや椎間板ヘルニアなどの整形外科的な疾患、脳梗塞などの脳血管疾患などが隠れている場合が少なくありません。しびれの出る身体の部分、その頻度、時間帯や持続時間、動作による影響、どうすればひどくなるか（楽になるか）などを観察します。

(6) 言語機能

言語機能の障害には、言葉を話せない失語症と正確に発音ができない構音障害があります。会話の際は、短くゆっくりと話しかけ、簡単な言葉を選び、必要に応じて表現を変えたり、文字、絵、ジェスチャーなどを交えたりして、理解を得るようにします。話を聞くときはゆっくりと待つよう心がけ、質問するときにはできるだけ単語で応えられるように工夫しましょう。

(7) 視覚

高齢者に多く見られる目の病気は白内障と緑内障です。そのほか、糖尿病や高血圧症、脳血管疾患の後遺症などがあるとさらに視力が障害されやすくなります。

「充血、目やに、涙、まぶたのむくみの有無」「白目は黄色くないか」などの目の状態の観察と、「物がかすんで見えないか」「戸外などでまぶしく感じるか」といったものを見る能力にも注意しましょう。

(8) 聴覚

加齢にともなう難聴を老人性難聴といいます。一般的に高音から先に聞こえにくくなります。コミュニケーションの際には、相手に近づいてからゆっくり、はっきり、落ち着いた低い声で話したり、大切なことはメモにするなどしましょう。

③高齢者に多い病気

高齢者に多い病気にはさまざまなものがありますが、ここでは、「糖尿病」と「パーキンソン病」、「高血圧症」について、解説します。

(1) 糖尿病

糖尿病は血糖値（血液中のブドウ糖の濃度）が高くなる病気で、1型糖尿病（インスリン依存型糖尿病）と2型糖尿病（インスリン非依存型糖尿病）があります。進行し症状が重くなると、視力、神経、腎臓などに障害が起こり合併症を引き起こします。

現在、医療機関を利用している患者は約316万人です。治療法には、食事療法、運動療法、薬物療法があります。エネルギーの摂取量は、年齢や身長、体重などにより一人ひとり異なり、医師によって決められます。

(2) パーキンソン病

脳内の神経伝達物質が減少することなどが原因で起こる病気です。筋肉のこわばり（筋固縮）、ふるえ、無動（動きが遅くなる）、姿勢反射障害（バランスをとりにくくなる）などが症状として挙げられます。

患者数は1,000人に1～1.5人程度と推定されています。50～65歳に多く、高齢になるほど数が増えます。おもな治療法は、薬物療法です。薬の服用・管理には十分な注意が必要です。

(3) 高血圧症

血圧が収縮期血圧（上）140mmHg以上、または拡張期血圧（下）90mmHg以上をいいます。代表的な生活習慣病で塩分の摂りすぎ、肥満、ストレスなどの影響によるもの、高齢になって起こる大動脈壁の硬化が主な原因のものなどがあります。

高齢者の疾病の理解

> **コラム** 高齢者の気持ちを実感できる疑似体験
> プログラム 「うらしま太郎」と「つくし君」

　高齢になると、文字がよく見えなくなったり、人の話がよく聞こえなかったり、身体が思うように動かなくなったりしますが、高齢者を支援するときにこれらの感覚を頭で理解しようとしてもなかなか難しいものです。高齢者の気持ちへの理解を深めるために実際にどのような感覚か疑似体験できるプログラムがあります。それが「うらしま太郎」です。

　耳栓や特殊眼鏡、手足の重りなどを装着して、高齢（75〜80歳位）になったときの身体的機能低下や心理的変化を疑似的に体験することができます。

　同様のプログラムで小学生向けのものが「つくし君」です。

　社員研修や行政関係のイベント、教育の場などさまざまな分野で活用されています。

資料：公益社団法人 長寿社会文化協会 (WAC)

2 高齢者の心理の理解

① 高齢者の知能の特徴

　新しい知識の学習やそれに対する反応の速さ、正確さにかかわる知能を流動性知能といい、学習や経験の積み重ねを通して得られる知能を結晶性知能といいます。一般に、流動性知能は30歳代から徐々に低下し始めるのに対し、結晶性知能は70歳前後まで高まり、高齢期の比較的遅くまで維持されます。

　高齢になると、新しいことを理解・記憶することが苦手にはなりますが、それまでの人生経験により物事への理解力や洞察力は深まっています。ゆっくり説明し、何度か経験することで若い人以上に几帳面で正確に対応できる人も少なくありません。

② 高齢者の心理状態

　昔から、高齢者というと「わがまま」「頑固」「保守的」などとマイナスのイメージでとらえられがちですが、加齢のみによって人格が変化することはありません。「高齢だから」と決めつけず、そのときどきの高齢者の心理状態を理解することが必要です。

(1) 喪失体験によるネガティブな心理

　年齢を重ねると、いくつもの衰退と喪失を体験します。退職などによる社会的役割の喪失、経済力の低下、健康状態の低下、身近な人の死など、喪失体験をすることから生きる目的を見失ってしまう人もいます。

(2) 成功体験によるポジティブな心理

　これまでの人生で成し遂げたことへの達成感や充実感といった肯定的な感情と自信を持っています。また、豊かな人生経験から、広い視野、寛容さ、忍耐力、生活の知恵などを身に付けています。

③高齢者の精神障害

　高齢者が精神障害にかかる確率は、若者よりも3～4倍も高いといわれています。原因は、脳の加齢性変化、病前の性格、心理・社会的な要因、身体疾患、環境の変化、薬物の影響などが挙げられます。高齢者の精神障害ではこれらの多くの因子がいくつも重なり合って症状を形成していると考えることが大切になります。また、病気にかかった場合に、ほかの精神的な症状があわせて現れることも珍しくありません。

　高齢者に多い精神障害の分類は以下になります。

器質性精神障害	脳の障害に起因する	せん妄、認知症（アルツハイマー型認知症、脳血管性認知症、レビー小体型認知症、ピック病）　等
機能性精神障害	その機能自体が障害をきたす	統合失調症、老年期うつ病、老年期パーソナリティ障害　等

　精神症状は変化しやすく、ずっと同じ状態でいることはありません。薬の効果や安全性、副作用は個人差がかなりあるので注意が必要です。

3 高齢者の生活の変化

①睡眠の変化

　高齢者では、なかなか眠れない、真夜中や明け方に目が覚めてしまう、ぐっすり眠れない、昼間眠くて困るといった訴えが多くなります。

　睡眠のパターンは加齢によって少しずつ変わります。高齢者は、夜早く寝て、朝早く起き、午前・午後に短い仮眠をとるといったパターンに変化していきます。日常生活に支障をきたすことがなければ、生理的な加齢による変化ですので心配する必要はありません。

　不眠が強くて困る場合は、睡眠障害の専門医などに相談する、または生活習慣を改善することによって睡眠障害に対応することもできます。

②栄養状態の変化

　一般に、高齢者は、ものを噛む力が弱くなったり、味覚や嗅覚、視覚などの感覚機能の低下、運動量の低下などにより食欲不振を招きがちです。また、一人暮らしや閉じこもりがちなどの生活状況が食生活に影響することも多く、食事が単調・貧弱になりがちです。すると、低栄養状態が心配されます。高齢者は低栄養状態に容易になるため、注意が必要です。低栄養状態では、貧血やむくみを生じやすく、また感染症にもかかりやすいため、早期発見・早期対応が大切です。

③歩行の変化

　高齢になると誰でも、歩きにくくなります。老化による筋力や感覚機能、バランス感覚の低下のほか、足や腰の関節に問題が生じたり、病気などでし

高齢者の疾病の理解

ばらく寝ていたために全身状態が低下し、筋力が急激に落ちたりすることもあります。脳や脊髄の病気、外傷などによる神経の損傷などもあります。

しかし、高齢だからと動かないでいると、骨や筋肉はどんどん細くなっていき、関節も固くなってしまいます。寝たきりを防ぐためにも、歩行障害の原因を正しく判断し、対処することが大切です。

④ 転びやすくなる

高齢になると日常生活の中のちょっとした段差で転びやすくなります。例えば、カーペットやたたみのへり、ドアの敷居、床に置いた座布団で転ぶことがあります。また、何もない場所で転んでしまうこともあります。

病気がある場合も考えられますが、高齢になると、自分がイメージした通りに足を動かせなくなり、段差があることに気付いていても越えられず転倒してしまうことがあります。転倒による骨折は、高齢者が寝たきりになるきっかけとなるため、転倒予防には十分な配慮が必要です。

⑤ 廃用症候群（生活不活発病）

廃用症候群（生活不活発病）とは、疾患などによる長期の安静や寝たきり、骨折やねんざにより長期にわたりギプスなどで身体を固定したりすることで、心身の機能が衰えてしまうことをいいます。

高齢者は「病気だから」「高齢だから」と活動に消極的になりがちで、廃用症候群を起こしやすくなります。廃用症候群では、筋肉や関節などの運動機能が衰えるだけでなく、内臓や精神など全身の機能低下が問題になります。

第2章 生活支援のための知識と技術

コラム　フレイル——筋力低下による虚弱

　人間は、歳を重ねていくと、心身の機能が低下していきます。いわゆる老化と呼ばれるものです。私たちはこれまで、加齢に伴い心身の機能が低下していくことは、自然の摂理ととらえてきました。

　そうしたなか、2014（平成26）年、日本老年医学会は、「フレイル」という新しい概念を提唱しました。「フレイル」とは「虚弱（frailty）」のことです。さまざまな研究により、これまで加齢が原因とされてきた老化現象のとらえ方に新たな視点が加えられました。

　「フレイル」の診断基準は、①1年で4.5kg以上の体重減少、②自己評価による疲労感、③1週間の生活活動量から評価される活動量の低下、④歩行速度の低下、⑤握力などで評価した筋力低下——の5項目です。このうち3項目以上に該当する場合を「フレイル」と定義しています。

　この診断基準では、とくに⑤の筋肉が重要視されています。これまで加齢に伴う身体機能の低下において、筋肉の健康は、脳や骨と比べるとそれほど注目されてきませんでした。ところが、筋肉に着目し筋力を高めると、改善が見込めないとされていた老化現象を改善できることがわかってきました。

　これまで「フレイル」に該当するような高齢者は、転倒や骨折、認知症をはじめとする疾患を発症するリスクが高く、日常生活動作（ADL）の低下、入院から死亡につながることが多いとされてきました。

　しかし、原因が「フレイル」の場合、栄養の改善や適切な運動、日常生活を見直すことにより、身体状況をよくすることができるのです。これまで健康な状態に戻ることができないととらえられていた老化を、より健康な状態に戻すことができるとされたのです。

　なお、「フレイル」の概念には、骨格筋を中心とした「身体的なフレイル」だけでなく、認知機能の低下やうつなどの「こころ・心理のフレイル」や社会的要因を含む「社会的なフレイル」の3つの要素が含まれています。超高齢社会において、誰もがいつまでも心身ともに健康で自立した生活を送り続けたいと望んでいます。これら3つの「フレイル」をバランスよく整えるためには、個々人の筋力を高めるだけでなく、社会全体の健康、とりわけ予防に対する意識が重要となるでしょう。

資料：『国民の栄養白書2015-2016年版』日本医療企画

高齢者の疾病の理解

4 認知症の正しい理解

①認知症とは

　認知症とは、意識は保たれていますが、病気やけがなどによって脳が損傷され、知的機能が低下し、日常生活に困難をきたした状態をいいます。

　介護が必要になる原因のトップが認知症になりました。誰もが認知症になる可能性があります。認知症状を起こす原因は30くらいあります。

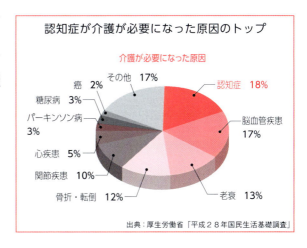

　近年、認知症高齢者の増加が問題となっています。厚生労働省の推計（2012［平成24］年）によれば、全国の65歳以上の高齢者では認知症有病率は15％、認知症有病者数は約462万人と推計されています。また、厚生労働省は、2015（平成27）年1月に、2025年の認知症者数は約700万人（高齢者の約20％）になるとの予測を示しています。

　認知症には、その原因などによっていくつかに分類できます。最も多いのがアルツハイマー型認知症で全体の約60％を占めるといわれています。次いで脳血管性認知症が約20％程度、レビー小体型認知症が約10％、その他の認知症が約10％といわれています（東京都福祉保健局「知って安心　認知症（平成29年改訂版）」）。

おもな認知症	原因	症状の特徴
アルツハイマー型認知症	βタンパクの異常蓄積による脳の萎縮	認知能力が全般的に低下 BPSDを伴う
脳血管性認知症	脳血管障害のため脳細胞が壊死	まだら認知症 ささいなことで怒ったり、涙を流したりする情動失禁
レビー小体型認知症	αシヌクレインというタンパクが脳だけでなく末梢神経などを含めて異常沈着	パーキンソン症状
前頭側頭型認知症	前頭葉、側頭葉の萎縮	幻視、人格障害（怒りっぽくなるなど）

第2章 生活支援のための知識と技術

②認知症の症状

　認知症の症状は、中核症状とBPSD（行動・心理症状）に分けられます。中核症状は知的機能の低下を直接反映する症状で、程度の差はありますが、認知症患者のほぼ全員に出現するといわれています。記憶障害、見当識障害（時間や場所の認識の障害）、失語（思いを表現できない）、失行（行動できない）、失認、実行機能障害（手順がわからない）などが主症状です。

　一方、BPSDは、中核症状の影響に伴い二次的に発症する症状です。過食や異食、徘徊、攻撃的行動、不潔行為などの行動障害が現れたり、不眠やせん妄、抑うつ、幻覚、妄想などの精神症状が見られたりします。原因は、入居や転居などといった環境の変化や親しい人との死別、孤立や不安、周囲の人のかかわり方、不適切な薬剤使用などがあります。BPSDに対しては、まずは受容的なケアや対応が大切です。適切なケアや対応により軽減できる可能性があります。

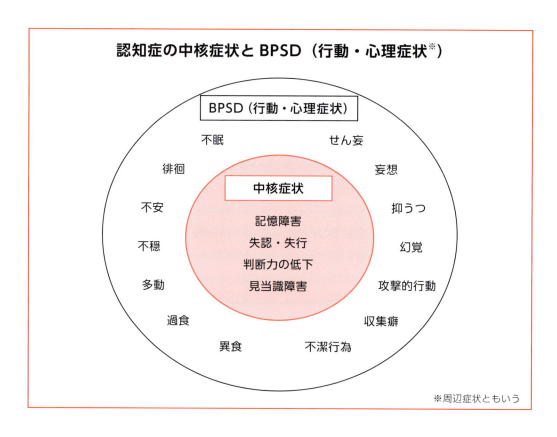

③認知症の原因となる病気

認知症の原因となる病気は以下のように大別されます。

- 神経細胞の変性(性状、性質が変わること)や脱落:アルツハイマー病、レビー小体病、前頭側頭型認知症(ピック病)など
- 脳血管障害:脳出血、脳梗塞など
- 感染症その他身体疾患:正常圧水頭症、てんかんなど

④認知症の診断

本人や家族などの周辺の人への問診のほか、長谷川式認知症スケール(HDS-R)やMMSE(Mini-mental state examination)などの質問式の簡易知能評価スケール、CTやMRIの画像による脳の状態の検査から診断します。

コラム 認知症疑似体験プログラム

認知症の人のこころを理解するためのツールが開発されています。映像と音で認知症の人の世界をバーチャル体験することで、認知症の人への理解を深めることができます。福祉系の大学や市町村、介護施設などの研修に用いられています。認知症のケア、とくにBPSDへの対応では、その人に寄り添う対応が重要です。認知症の人の気持ちを正しく理解することは、適切な認知症ケアの第一歩になります。

資料:公益社団法人 長寿社会文化協会(WAC)

5 認知症ケアを学ぶ

①認知症の人への基本的な対応

　認知症の人は、自分の思いや感情、身体の不調や不快感を適切に言葉で伝えたり、何をするかを決めたりすることが難しくなります。

　そのため、生活支援サービス従事者はその人の今までの暮らしや生活パターンを知り、それにそった援助をします。表情や動作などことば以外の非言語的なメッセージを受け取め、認知症の人の生活歴や性格、価値観を知るなどして、本人の立場になって考え、一人ひとりに寄り添うケアが求められます。

　また、生活支援サービス従事者のこころの余裕も大切です。年齢や認知症の有無にかかわらず、誰でも毎日気分は変わるものです。生活支援サービス従事者も支援にあたる前に自分の気持ちを確認し、穏やかなこころの状態で支援にあたれるように努めましょう。

②認知症の人とのコミュニケーション

　認知症の人とのコミュニケーションでは、穏やかな声で、短く、わかりやすく話すことが大切です。

例)「朝になったのでベッドから起きて、着替えましょう」
⇒「朝になりました。気持ち良いですね。ベッドから起きましょう。（起き上がったら）着替えましょうか」

　また、表情や身振り、タッチングなどの非言語的コミュニケーションも活用します。

③健康管理への配慮

認知症の人は、自分で薬の管理をすることが難しくなります。薬の飲み忘れや飲み過ぎ、副作用や病気の悪化につながります。在宅の場合は、決められた薬がきちんと飲めているか、飲み過ぎていないかを確認しましょう。

また、水が欲しいと訴えることができない人もいます。水分摂取不足にお茶やお水をすすめることが必要です。

コラム　認知症の人の家族の気持ち

　認知症の人を介護している家族は、以前の本人の姿との違いに戸惑い、さまざまな不安やとまどいを自分たちのなかで抱えがちです。

　そのため、体調が悪くなったり、うつになったり、ストレスを抱えて怒鳴ってしまうこともあります。

　生活支援サービス従事者は、その家族の気持ちを理解し、エンパワメントやレスパイトサービス（家族の休息）を提案してみましょう。

エンパワメント：家族介護者自身の力をのばし、自己決定して積極的に問題解決に取り組むことができるように支援することです。

レスパイトサービス：家族介護者と認知症の人が一時的に離れることで、家族介護者の負担を軽くできるよう支援することです。訪問介護やデイサービス、ショートステイがあります。

6 高齢者の家族の理解

①介護する家族の思い

　親などの家族が介護が必要な状態になっても、それまでの家族の歴史のなかで培われてきた関係や、恨みや憎しみなども含めたいろいろな感情と、「家族だから面倒をみないといけない」といった義務感との葛藤で苦しむ家族も少なくありません。

　「家族の問題は家族のなかで解決すべき」と考える人も多く、家族の構成人数が減ったり、地域との結びつきが弱まったりしている現代では、介護する家族は大きなストレスや孤独を抱えがちです。

②家族の介護負担

　共働き世帯や独身者が増え、仕事と介護の両立が難しく、働き盛りの年代で仕事を辞めてしまう「介護離職」が問題となっています。

　また、晩婚化により介護と子育ての両方を同時期に担わなければならない「ダブルケア」、高齢者のみの世帯の増加により高齢者が高齢者の介護を担う「老老介護」、認知症の人が認知症の人を介護する「認認介護」なども問題となっています。

③家族への支援

　生活支援サービス従事者にとって、家族への支援は自分たちの役割ではないと感じるかもしれません。しかし、高齢者と家族の関係性を知らずに、自分の思い込みだけでその家族にかかわると、高齢者と家族の間で溝が深まったり、家族に過度の負担をかけたり、家庭の崩壊を引き起こしたりすること

高齢者の疾病の理解

にもなりかねません。介護を必要とする高齢者の家族についても理解を深めることが大切です。

　理解を深めるなかで、家族の思いに寄り添うことによって、利用者のよりよい生活、そして人生につながります。

コラム　家族介護者の会

　家族介護者の会とは、介護をする家族同士が、悩み相談や情報交換などを通して、交流をすることを目的とした場です。認知症介護、若年性アルツハイマー介護、男性介護などさまざまなジャンルで集まっていることもあります。月に1回程度集まる家族会もあれば、毎週のように専門家の講習会やいろいろなイベントを開催している家族会もあり、会によって頻度はさまざまです。また、オレンジカフェなど認知症の方と家族のための地域の居場所も増えています。

チェックポイント

・高齢者に起こりやすい身体や心理の変化を理解できましたか？
・認知症への正しい理解ができましたか？
・高齢者の家族への支援の大切さを理解できましたか？

第2章　生活支援のための知識と技術

§3 コミュニケーション技術

学習のポイント

・コミュニケーションの大切さを学びましょう。
・いろいろなコミュニケーションの方法を学びましょう。

1 コミュニケーション

①コミュニケーションとは

　コミュニケーションは、互いに意思や感情、思考を伝達し合う、社会生活に欠かせない基本的な手段です。コミュニケーションは、一方的な情報伝達ではなく、主体的な意思の交流で、互いの信頼関係のうえに成り立ちます。生活支援サービス従事者が利用者とコミュニケーションを図るときは、まずは信頼関係を築くことが大切です。また、高齢になると、耳が遠くなったり、記憶が曖昧になったりと、コミュニケーションに支障をきたすことが多くなるため、そうした利用者のコミュニケーションにおける特徴を理解することも大切です。

②コミュニケーションの種類

　コミュニケーションには、言語や音声を用いて伝達・受容する「言語的コミュニケーション」と、身振りや表情などを用いて伝達・受容する「非言語的コミュニケーション」とがあります。相手やその場に合った豊かなコミュニケーションがよい人間関係づくりにつながります。

コミュニケーション技術

言語的コミュニケーション	話し言葉、文書、手話など
非言語的コミュニケーション	声の大きさ、抑揚、目つき、表情、服装、身振りなど

③コミュニケーションの基本の7原則

アメリカのケースワーカーで社会福祉学者のバイステック（F.P.Biestek）は、利用者と援助者との間に望ましい援助関係を形成するために、7つのコミュニケーションの原則を示しました。これを「バイステックの7原則」といいます。

(1) 個別化	生活歴や価値観など、利用者一人ひとりがもつさまざまな事情を尊重します
(2) 自己決定	利用者自身が何を選択するかを決められるようにします。難しい場合も、見守る姿勢が大切です
(3) 受容	利用者のありのままの姿や気持ちを受け入れます。ただし、安易な同意ではありません
(4) 非審判的態度	利用者の言動を自分の価値観で一方的に非難せず、その背景を理解します
(5) 秘密保持	支援を通じて知った利用者に関する情報を、本人の承諾なしに他の人に話したりしてはいけません
(6) 統制された情緒的関与	冷静な気持ちで、自分の感情やこころの動きを自覚して、利用者に共感をもって援助にあたります
(7) 意図的な感情表出	利用者が自分の感情（ネガティブな感情も含めて）を自由に表現できるように、意図的に働きかけます

2 いろいろなコミュニケーション

①挨拶

コミュニケーションの第一歩は挨拶であり、挨拶はよりよい関係づくりに欠かせない重要なものです。笑顔で元気な挨拶はその場の空気を明るくします。きちんと視線を合わせて、自分から積極的に行いましょう。視線の高さは、利用者と同じか少し低い位置がよいでしょう。

②会話

利用者との会話では、こちらの話題を話すよりも、相手の話を聴く"聴き手"としての役割が重要です。その際は、ただ聴くのではなく、うなずく、あいづちを打つ、表情を動かす、手や肩にそっと触れるといったサインで「ちゃんとあなたの話を聴いていますよ」ということを伝えることも大切です。

また、利用者は情報の処理に時間がかかる場合があります。沈黙に意味があることもあり、生活支援サービス従事者のペースで会話を進めるのではなく、相手の様子をうかがいながら、返事を促すのではなく、待つことも大切です。

コミュニケーション技術

③質問の方法

質問の方法には、以下の2つがあります。

閉じられた質問	「イエス」か「ノー」で答えることができる質問形式。理解力や表現力が十分でない相手に質問するときや相手の混乱した気持ちを整理してもらいたいときなどに効果的
開かれた質問	「イエス」か「ノー」では答えることができないような、応答内容を相手にゆだねる質問形式。相手の自由な意思を尊重できる。あまり頻繁に使うと話が一方通行になる恐れがある

　この2つの質問形式の特徴を生かし、その場の状況に合わせた使い分けが必要です。ただ、利用者が話したがらないような話を興味本位で聴くことは控えましょう。

④初対面の人への接し方

　「○○さん」と名字で呼び、敬語で丁寧に話しかけます。まずは相手に信頼してもらえるように努め、少しずつ距離を縮めていくようにしましょう。また、利用者との会話の糸口を見つけるには、以下のようなテーマがあります。会話のヒントにしてみてください。

季節の行事	利用者の子どもの頃の思い出話などを引き出しやすく、なごやかな雰囲気をつくることができます
利用者の時代の出来事	利用者が生きてきた時代の歴史的出来事は、利用者の思い出と重なり会話のきっかけとなります

チェックポイント

・コミュニケーションの大切さを理解できましたか？
・信頼関係を築くためのコミュニケーションの方法を理解できましたか？

第2章 生活支援のための知識と技術

§4 生活支援技術

> **学習のポイント**
>
> ・生活支援のサービス提供は、市町村の総合事業の担い手として制度に基づいて行われます。生活支援サービス従事者が提供するサービスの位置づけを理解しましょう。
> ・生活支援サービスの内容・時間・手順は、利用者とあなたの所属する事業所が取り決めた内容で行うことを理解しましょう。

1 生活支援の理解

●その人らしい生活を支える

　生活とは日々の暮らしのことであり、そこには人それぞれの生活習慣や価値観があります。調理や掃除、洗濯、衣服の整え方なども人によってさまざまです。生活支援は、利用者のその人らしい暮らしを支援するサービスです。

●利用者のやる気を引き出す

　できることは利用者自身ができるように工夫し、やる気や力を引き出す視点が重要です。小さなことでも利用者の心身がいきいきとなるような支援を積み重ねられるよう心がけたいものです。

●取り決めた内容を行う

　生活の仕方は個別性があるからこそ、あらかじめ、何をどこまでするのかは事業所と利用者が契約（取り決め）します。その契約内容に基づいて支援

生活支援技術

を行いましょう。その場で利用者から言われたことを「なんでもやります」では、最終的に生活支援サービス従事者がやりきれずに追い詰められ、サービスが継続できなくなったり、別の生活支援サービス従事者が訪問したときに行わないと「前の人はしてくれたのに」などの利用者の不満につながります。

● **生活支援は身体介護とは異なる**

食事介助、着替え、買い物への同行、顔を拭く、点眼薬をさす、起き上がりなどの介助は身体介護にあたり、生活支援サービスでは行いません。これらの行為（身体介護）が必要な場合には事業所に確認しましょう。

● **生活支援の範囲を理解する**

以下のものは生活支援サービスではありません。

> 換気扇やキッチンの排水溝の掃除、ベランダの掃除、床のワックスがけ、修理・修繕、車の洗車・庭の掃除、植木の水やり、草むしり、ペットの世話、おせちなど特別な料理、年賀状などの代筆、公共機関への支払い・銀行でのお金の引き出しなど

コラム　訪問時の接遇・マナー

生活支援は利用者の自宅を訪問して行われます。家に他人が入ることへの不安は誰にもあります。相手を心地よくする接遇・マナーについて学び、練習しましょう。身だしなみ（清潔感がある）、挨拶（自分から先に、元気に相手を見て）、言葉づかい（敬語で、相手を尊重して話す）、表情や態度（笑顔で、相手の話を聞く態度）、話し方（相手にわかる言葉で、具体的に）などに気をつけて訪問しましょう。

2 市町村の総合事業における生活支援

　市町村の総合事業（20ページ参照）のサービスの利用は、地域包括支援センターへ利用者が相談することから始まり、事業対象者として判定されれば、諸手続きを経て、地域包括支援センターが作成する介護予防ケアマネジメントに基づいてサービスが提供されます。本テキストで育成される生活支援サービス従事者は⑴が該当します。

⑴ 訪問介護などの指定事業所に時間で雇用されて提供する生活支援
　事業所が利用者と契約し、サービス提供責任者による、生活支援の内容や時間、提供方法などきめ細かい指導のもとで、生活支援サービス従事者はサービスを提供し、事業所から給与が支払われます。

⑵ シルバー人材センターや社会福祉協議会の「有償ボランティア」
　団体のコーディネーターが利用者と契約し、内容、時間、方法を決めます。生活支援サービス従事者はその内容に沿ってサービスを提供し、団体から対価などを受け取ります。また、自分たちが地域で生活支援を提供する有償ボランティア組織やNPO団体を立ち上げ、市町村の指定事業所になることもできます。

⑶ 地域で住民参加グループやボランティアグループを立ち上げる
　無償ボランティアや助け合い活動として生活支援を提供することもできます。サービス内容、時間などを利用者と個別に決めて行います。

　事業所（運営主体）への報酬は、⑴と⑵の訪問型サービスA型では市町村が回数と単価を決め、国保連合会（国民健康保険団体連合会）から事業所に支払われます。⑶の訪問型サービスB型では、総合事業のボランティア団体として市町村が認めれば、運営費の補助が市町村から団体に支払われます。総合事業の訪問型サービスとは別に、総合事業の生活支援サービスに

は配食サービスや地域の見守り活動、話し相手、家政婦紹介所による自費サービスなどもあります（20ページ参照）。

3 高齢者の栄養と食生活への支援

① 調理と体調に良い食生活への支援

(1) 食生活支援の手順

献立を一緒に作り、調理、盛り付け、配膳、台所の片付けや残った食材の整理、数回に分けて食べる調理品の収納、食後の片付けが一連の支援内容です。それぞれが利用者の生活習慣に即して行われます。

通常、毎食ごとに調理を行うサービスは行われません。週に1回から数回です。サービスの日以外の食生活も考えて調理しましょう。

(2) あるものを使い、希望に応じて調理する

基本は、冷蔵庫や買い置きの食材で、食べたい物を調理することです。利用者に確認しながら進めましょう。好き嫌いやその日の体調、前後で食べたもの、過去の体験などで食べたいものは変わります。あらかじめアレルギーなどの食事の禁止は事務所が確認しましょう。

【 考えてみましょう 】

▶ 人参・玉ねぎ・じゃがいもで何品の調理ができますか（調味料や調理時間により、10種類作れる人もいれば、20種類作れる人もいます）。
▶ 厚さ4センチのふろふき大根や下ごしらえでモヤシのヒゲ取りを要望された場合、どうしますか。

---

(3) 味付けや調理法、量などを確認する

切り方、柔らかさ、使用する材料などは、利用者により千差万別です。捨てるのを避けて大根の皮を刻んで使うなど「ゴミにしないで利用する」人もいます。千切りの細さやみじん切りの大きさ、湯むきするトマトやキュウリ

第2章　生活支援のための知識と技術

の皮のむき方にも習慣があります。聞きながら行いましょう。

　生活支援サービス従事者の判断ではなく、個別の要望を把握しましょう。最初に、材料や量を確認します。調理の途中にも、切り方などを確認します。最後に柔らかさや盛り付けを確認しましょう。なお、材料選びや茹でかげんも調理には大切です。

　また、必要に応じて、利用者が作り置きした食べ物をどう食べるかを確認しましょう。例えば、利用者が生活支援サービス従事者が作ったおにぎりをアルミ箔で包んで冷凍し、その後そのまま電子レンジで温めたため、煙が出てしまったことがあります。

【確認例】

- これとこれを入れてよいですか？
- 明日の分まで作りますか？
- 3回分くらいにしますか？
- これくらいの大きさですか、もう少し細かく切りますか？
- 味付けをみてください。もう少し甘いほうがよいですか？
- これくらいの硬さでよいですか？　もう少し柔らかくしますか？
- 盛り付けはこれくらいでよいですか？　後の分は皿に入れて冷蔵庫にいれておいてよいですか？

---

(4) そのときどきのコミュニケーションが決め手

　家族や知り合いから聞いた話、最近見たテレビ番組の内容、その日の体調などによって、利用者が希望する調理の内容が変わります。生活支援サービス従事者は「前は○○だったのに」と思わずに、「今度は○○が希望なのですね」と受け取って支援するようにします。

生活支援技術

②生きるために必要な食事と栄養を支援する

⑴ 美味しく必要な栄養をとる

　人が生命を維持するためには空気と水と栄養が必要で、これらはからだの外から取り入れます。

　食事により、水分と栄養を口から身体に取り入れ、噛んで飲み込みます。飲み込んだ飲食物は、消化され血液に取り込まれて身体の細胞に栄養が供給されます。

　最後に、不要なものは尿や便として体外に排出されます。

　もちろん食事は生きる楽しみであり、栄養剤を飲んだり注射したりすることと同じではありません。利用者の生活や嗜好に合わせることが大切です。

⑵ 食事からとりたい栄養は5つ

必要な栄養は、次の5つに大別されます。

● **炭水化物**

　エネルギーの源です。ご飯、パン、うどん、そば、パスタ、じゃがいも、さとうなどです。とりすぎると身体のなかで脂質に変わり肥満の原因になります。

● **脂質**

　エネルギーの源です。肉、魚、卵、牛乳、乳製品、バター、植物油、マヨネーズなどです。とりすぎると肥満や高脂血症（脂質異常症）になります。

● **タンパク質**

　骨・筋肉・血液の源です。肉、魚、卵、乳製品などの動物性と、大豆や大豆製品などの植物性があります。とりすぎると肥満になります。

59

第2章　生活支援のための知識と技術

● **無機質（ミネラル）**

　骨・筋肉・血液の源です。食事からしかとれないカルシウムや血液に必要な鉄分です。カルシウムは牛乳、乳製品、大豆、大豆製品、小魚、海藻、小松菜などに含まれます。日本人の多くに不足している栄養素です。ただし、乳製品のとりすぎによる肥満などに注意が必要です。

　鉄分はレバー、赤みの肉や魚、貝、大豆製品、青菜類です。大根の葉や小松菜などに含まれます。鉄分のとりすぎの弊害はありません。

● **ビタミン**

　身体の機能の調整や取り入れた栄養の吸収に必要です。以下に主なビタミンの種類と特徴を解説します。

	特徴
ビタミンA	視力や皮膚粘膜の健康に必要。トマト・人参、かぼちゃ、レバー、うなぎに含まれる。野菜以外はとりすぎに注意
ビタミンB_1	炭水化物を分解してエネルギーに変える。豚肉、ハム、ベーコン、大豆、たらこなどに含まれる。水溶性のため、とりすぎの心配はない
ビタミンB_2	脂質を分解し、エネルギーに変え、髪の毛や皮膚の健康に必要。レバー、卵、乳製品、納豆、青魚に含まれる。食事でとりすぎの心配はない。納豆は脳梗塞の薬と併用すると薬の効果が下がる
ビタミンC	血管や骨、肌の張りを保つコラーゲンの生育を助け、ストレスの影響を弱める。イチゴ、オレンジ、レモン、野菜などに含まれる。熱に弱いので加熱で効果が失われる。水溶性のため、とりすぎの心配はない
ビタミンD	骨や歯を作るカルシウムの吸収を良くする。魚、卵、きのこ類に含まれる。食事でとりすぎの心配はない

生活支援技術

(3) 利用者の食生活を知り、不足を補う

食事といっても「ヨーグルトだけ」「バナナ１本」「夏はそうめん・冬はうどん」「インスタントラーメン一筋」という人もいます。「野菜嫌い」の人もいます。

何事もバランスが大切で「ばっかり食べ」ではなく、必要な栄養がとれるように支援しましょう。調理の時間が足りないときは、野菜と肉の焼きそばや具材豊富なシチュー、具だくさんの味噌汁などで多種類の栄養をとることができます。このように１汁３菜にこだわらない得意技も身につけましょう。

また、便利な食材に豆腐があります。豆腐は大豆だけで作られ、安価で、柔らかく、タンパク質や脂質、ミネラルやビタミンも含む優等生です。栄養が不足している利用者には、豆腐を活用するとよいでしょう。

食事バランスガイド

出典：農林水産省ホームページ

第2章　生活支援のための知識と技術

③アレルギーや生活習慣病などの把握と注意

　食事は生きる源です。しかし、食べ方によっては、糖尿病、肝臓病、高血圧などの原因になりますし、また、さまざまな病気の悪化にもつながります。

(1) 食物アレルギーなど食べてはいけないものを知る

　食物アレルギーでは、特定の食材や調味料でショックを起こし、呼吸困難になります。「食物で食べてはいけない物の確認」が不可欠です。生活支援の契約の際に事務所が確認をします。わからない場合には「今まで食事で蕁麻疹（じんましん）が出たり、お医者さんから注意されたりしていることはありますか」と利用者やご家族に確認しましよう。

(2) 利用者の病気と食事の関係

● 脳梗塞

　脳梗塞は介護が必要になる原因の2番目の病気です。脳梗塞の引き金になるのが糖尿病、高血圧や高脂血症（脂質異常症）などです。食事の支援では、脳梗塞が再発しないように、卵、牛肉、バターなどコレステロールの多い食材や、塩分、脂肪、カロリーが高いインスタント食品やジャンクフードのとりすぎを避けます。

● 腎不全

　腎不全ではタンパク質や塩分のとりすぎが腎臓に負担をかけます。また、腎不全で人工透析の治療を受けている場合は、カリウム（果物などのカリウム）の摂取量や水分量に制限があります。

● 糖尿病

　糖尿病では、カロリーの高いもの、脂肪の多いものがよくありません。また、食事だけはなく適度の運動が大切です。

● 肝臓病

　肝臓病では、食事の量と栄養のバランスが重要です。血圧が高い場合には塩分を控えめにして、カツオダシの旨みや柚の香り、食感で美味しさを

出すよう心がけましょう。

● **心臓病**

　心臓病は血管をつまらせるコレステロールや血圧を上げる塩分をとりすぎないようにする必要があります。食物繊維（海藻・きのこ類）の摂取が勧められます。

● **認知症**

　認知症の人への食生活支援では、何回も食べる、食べられない物を口に入れる、調理器具の使い方がわからない、同じ材料を買いすぎている、盗られたと主張するなどの課題があります。事業所の管理者と相談して保存は弁当箱に詰める、材料や器具は手の届かないところに置くなど、個別の対応をとるようにします。

(3) **調理の工夫**

与えられた食材で調理するため、限界はありますが、肉の脂身をとりわける、油を少なくする、茹でてから炒める、マヨネーズではなく胡麻和えにするなど工夫をしましょう。

コラム　飲んでいる薬と食事の関係

　食事と同様に外から身体に取り入れ効果を発揮するのが薬です。そのため、食事のなかには薬の効果に影響を与える組み合わせもあります。

　脳梗塞で血液が固まらないようにする薬（ワーファリンなど）を服用している場合に「納豆」はその効果を低下させる作用があります。同様に骨粗鬆症の薬と牛乳は、牛乳のカルシウムが薬の効果を下げる作用があります。また、アスピリンなどの鎮痛剤とコーラなどの炭酸飲料の併用はアスピリンの吸収を遅くします。逆に抗生物質の服用中にグレープフルーツを食べると抗生物質が強く効きすぎ悪影響をおよぼすこともあります。

第2章　生活支援のための知識と技術

④ 食中毒の予防と調理の衛生管理

　食事が原因で腹痛、嘔吐、下痢、発熱が起きることを食中毒と呼びます。さらにそれが他の人にまで伝染する場合もあります。食中毒などの感染は食材、調理器具、調理する生活支援サービス従事者の手を媒介として感染します。

(1) 食材の衛生管理

　野菜は流水でよく洗い、菌を落とす、まな板などからの細菌汚染がないように調理器具を熱湯消毒し、乾燥させたものを使用するなど、注意が必要です。

　魚介類は4度以下で温度管理して、料理前に飲料用の水で菌を洗い流し、基本的に加熱します。肉も同様に中までしっかり火を通すことが大切です。

(2) 調理器具の衛生管理

　包丁を洗うときはまな板などの上に置いて固定した状態で洗います。スポンジを一方向に動かし、洗った後は水気をよく拭き取ります。まな板は使用後、流水を掛けながら洗い、熱湯をかけて消毒した後、十分乾燥させます。菜箸や鍋釜もよく洗い、水気をとって保管します。使用する前にも、流水で洗います。

(3) 手指などからの感染予防

　生活支援サービス従事者の手指も感染源になります。調理の前にはせっけんと流水で手指を洗います(75ページ参照)。調理中でも雑巾などを使ったあとは手洗いをします。髪の毛が落ちないよう、服のほこりが調理に入らないように、エプロンをつけたり髪をまとめたりします。また、健康な人の4人に1人はMRSA（メチシリン耐性黄色ブドウ球菌）を保菌しています。鼻腔の入口にいますので調理中に鼻を触らないようにしましょう。風邪気味の場合には事業所の管理者に相談し、訪問を別の人に交代してもらいましょう。くしゃみや咳による人へのウイルス感染の恐れがあります。

生活支援技術

(4) 食品の保管

　食品は、時間が経過するにつれて、カビが発生したり腐敗したりします。そのため、それぞれの食品の特性に適した方法で保存する必要があります。食事の保存には、室温保存、冷蔵保存、冷凍保存などの方法があります。冷凍する場合は小分けにします。食品は冷蔵・冷凍保存しても、時間が経てば劣化して食中毒の原因になるので注意が必要です。高齢者の台所には、品質が低下したものがある場合があります。そんなときは、勝手に処分するのではなく、本人に確認してから処分するようにしましょう。

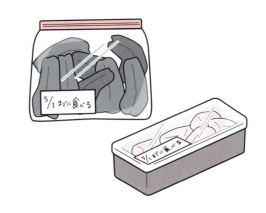

(5) 調理環境の整理

　通常は調理の過程で、使用済みの器具や皿は、生活支援サービス従事者が洗い、片付けます。その際には「元の場所に戻す」ことが基本です。捨てるものは「了解を得てから」捨てます。「あとで使おうと取っておいたのに捨てられた」とならないためです。食事の後まで生活支援サービス従事者がいない場合には、利用者が洗い、片付けます。

　ゴミはその地域のきまりにあわせて、毎回分別し、袋の口を縛ります。台所のシンクにゴミを残さず、水がとびちった床は水拭きするなど、清潔を保持します。とくに夏場は腐敗し悪臭がしたり、害虫が出る原因になるので、注意が必要です。

　ガス器具や壊れそうな調理器具は事業所の管理者を通じて定期的なサービス確認時などに対応を検討しましょう。

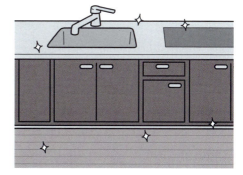

4 高齢者の衣生活への支援

①衣服の役割

衣服は、春夏秋冬といった季節や出かける場所、一日の時間により使い分けるものであり、また生活文化の影響や個人の嗜好性が強く表れるものです。衣服の役割には以下の3つがあります。

健康の維持	風邪をひかない、熱中症の予防、怪我の予防、体温調節など
社会生活の維持	寝巻きで外に出ない、デイサービスには動きやすい服装で行く、外出時はおしゃれをするなど。葬式には地味な黒い服で行くなど冠婚葬祭への対応もある
生活リズムと自分らしさの表現	起きたら寝巻きを着がえ、季節に合わせて自分らしさを演出したり、清潔な衣服で気分を爽快にしたりするなど

②衣服を通じた生活支援

衣服の支援内容には洗濯、乾燥、片付け、繕いなどがあります。

(1) 洗濯で清潔な衣服を支援する

洗濯には、仕分け、洗濯、たたむ、収納までを含みます。仕分けでは、洗濯機の種類、洗濯物の種類により、生活支援サービス従事者が行うものとクリーニングに出すものがあります。通常、背広や礼服、オーバーやコートなどはクリーニングに出します。生活支援サービス従事者が行うのは、あくまでも日常生活の支援です。

洗濯には全自動や二槽式洗濯機を使う場合と手洗いで行う場合などがあります。利用者の家庭にあるものを使います。二槽式洗濯機の場合には時間内でどこまでできるかの判断が必要です。

素材により水洗い可・不可、漂白剤の使用可・不可、色落ちする・しない、

縮む・縮まないなど性質が異なります。服の表示を確認しましょう。ウールマーク表示のあるものを洗濯する場合には、専用洗剤を使います。専用洗剤がない場合には利用者に相談します。

　便や尿が染み付いた下着などを洗う場合は、先に水洗いして汚れを落としてから洗濯機にかけます。また、洗濯する前に、ポケットにティッシュなどが入ってないかを確認します。リハビリパンツや尿とりパッドなど洗濯機に入れてはいけないものもありますから、服の表示を確認するだけでなく、利用者に確認します。

　屋外に干すときは物干しや専用のサークルハンガーなどに干しますが、雨天時や雨が予想されているときは室内に干すなど、相談して行います。乾燥機がある場合には乾燥させ取り出してたたむまでを行います。

(2) 衣服をたたみ、収納する

　利用者が自分で行うか、利用者と生活支援サービス従事者が一緒に行うことが基本です。

　たたみ方はシワにならず、取り出しやすく、着やすくすることが大切です。一緒に行うときは、ボタンが取れそうになっていないか、破れそうなところはないかなども見て、利用者と次回の訪問時に修繕するかどうかなど、相談しておきましょう。

　しまうときも、利用者のやり方に合わせて、利用者が探しやすく、取り出しやすくします。

　なお、衣服の修繕は、支援計画や手順書に記載されている場合に行いますが、生活支援サービス従事者が行うのはボタン付け、裾の糸のほころびの修繕、寝巻きのウエストのゴムを入れる程度です。

　針は床などに落とすと危険なので、使用前後で確認し、事故につながらないようにします。

　かけはぎや裾上げ、その他の修繕は専門業者が行います。生活支援サービス従事者は通常は行いません。

第2章　生活支援のための知識と技術

(3) アイロンがけは通常は行わない

　生活支援サービス従事者は、通常アイロンがけは行いません。アイロンが必要なものはクリーニングに出すようにします。干し方で工夫できる場合もあります。ただし、事前に取り決めていて、ハンカチやワイシャツ、ブラウスなどで、必要な場合に限っては行うこともあります。

　シーツなどの寝具については、日常的に洗濯するものであり、シワをのばしてから干すことでアイロンがけは不要になります。

(4) 防虫・防湿の工夫

　衣類を長期間保管する場合やウール製品については、虫食いに注意します。虫食いを防ぐためには、しっかり乾燥させることが大切です。押入れに除湿剤を置いたり、収納場所に防虫剤を置いたりするなど、利用者と相談して行います。

(5) 衣服の選択支援

　毎日の衣服は、健康と身体状況に合わせて利用者自身が選択します。また、衣服は個人のおしゃれや文化などの表現でもあります。色合いや着るときの組み合わせ、季節に合わせた選択を支援することで、利用者の生活に楽しみや張りが生まれます。

　高齢で腕を上げにくい、ボタンをかけにくい、後ろ開きの服はひとりではボタンをかけられない、片麻痺でファスナーを閉められないなどの個別性に注意しながら、利用者が好きな衣服を身に付けられるように工夫します。

　衣服は古くなり傷んでも、その人にはかけがえのないものであることもあります。過去の思い出のある服を着たり、手に取ったりするだけで、幸せな時間に戻れるのです。古くなっているからといって、「勝手に捨てる」ことはぜったいに避けましょう。

　新たな衣服を購入するときには、着やすく、脱ぎやすく、機能に即した衣服を選択できるように支援します。夏服なら吸湿性の高い素材のもの、

冬服なら保温性のある素材のものを選択すると、健康に良い効果が期待できます。重い服や着替えが面倒な服は避けます。また、裾を上げたり、ゴムにしたりするなどの工夫ができるかなども考慮するとよいでしょう。地域によっては、ボランティアにそういった修繕を依頼することができます。

コラム 衣服の選択を自分でするために

　認知症の人の衣服選びには、季節や目的に即した衣服を2～3組、ハンガー（洋服掛け）などにセットしておき、どれを選んでもよいようにしましょう。季節外れや目的にあわない衣服はしまっておき、選択の際に混乱しないようにします。また、前後に模様やイラストが入ったTシャツなどで、着方がわかりやすいものを用意するのもよいでしょう。目の不自由な人には服のポケットに色の表示の点字タックを入れたり、衣服の前後、裏表のわかる突起をつけたり、工夫をしましょう。

第2章 生活支援のための知識と技術

5 高齢者の居住生活への支援

①高齢者の居住環境における課題

　自宅はその人が最も自分らしく安心して生活できる場所です。しかし、加齢により掃除機をかけられない、整理・整頓をできない、ゴミを捨てられないなどの理由で、安心して生活できない居住環境になってしまうことがあります。しかし、そうした居住環境の問題は、悪臭や自然発火による小火（ぼや）などが起こらない限り、外からはわかりにくいものです。

　こうした居住環境の問題は、加齢や身体的要因、認知機能の低下、近隣とのゴミ捨てのトラブルなどにより起きていることを理解しましょう。

②居住環境への支援

　安心して生活できる居住環境への支援は、健康的な生活と安全な暮らしに欠かせないものです。具体的には、掃除、片付け、ゴミ捨てなどがあります。

(1) 掃除

　掃除は日常生活の支援です。トイレ、台所、浴室、玄関、居間や寝室など、どこを掃除するか、事前に事業所と利用者が取り決めます。あくまで日常生活の支援ですから、掃除代行の専門業者が行うような、台所や浴室の換気扇の掃除などは行いません。

居間、寝室、廊下	掃除機やほうきでゴミやホコリを取る。板の間や廊下に汚れやしみがある場合は、雑巾で拭く。できるだけ窓をあけて、ホコリを舞い上げないように注意して行う。食事をする場所はとくに汚れやゴミがたまるので、掃除機でていねいに掃除する
玄関	床を掃き、靴や履物を揃える。台や靴箱の上の荷物や置物は移動したら元に戻す
台所	調理台やガス器具などを拭き、シンクの内側と排水口を掃除する。水切りや三角コーナーも台所洗剤と流水で洗う

生活支援技術

トイレ	和式、洋式を問わず、便器の内側を専用ブラシやスポンジでこすり、側面や蓋を拭く。床は雑巾で拭く
浴室	浴槽はたまり水を流し、スポンジなどで内側の汚れを石鹸や洗剤で落とす。浴槽の蓋、椅子やホースも洗い、床は専用ブラシかスポンジで洗い流す。排水溝のゴミは取り除き、最後に雑巾で水滴を拭く

(2) 片付け、ごみ捨て

　テーブルや棚を拭くとき、のっているものを一時的に移動することはあっても、掃除が終わったら、同じ場所に戻すようにします。元にあった場所は、利用者が使いやすい場所だからです。

　金銭があちこちに置いてある場合には、それには触れないようにします。あとで「なくなった」と言われないようにしましょう。

(3) 寝室のベッドメイキング

　布団を床や畳に敷いて万年床になっている人、布団は丸めて空いた場所で生活している人などさまざまな利用者がいます。最近はベッドを使用している利用者も増えています。布団については、天日で干したり、ホコリを叩いたりするか、二階建ての家に住んでいる利用者の場合は、布団を二階まで運んで干すかどうかなど、やり方には検討が必要です。

　ベッドのシーツを交換するとき、一人ではシワを作らないで敷くことが困難な利用者も多くいます。基本の作業手順を覚えておくと便利です。

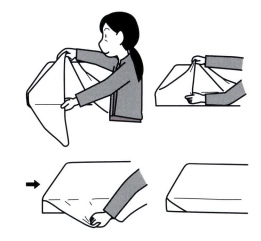

第2章　生活支援のための知識と技術

6 高齢者の買い物の支援

①「買い物同行」と「買い物代行」

　利用者と一緒に買い物へ行くのは「買い物同行」と呼び、危ないときは支えたり、手を引いたりする必要があるため、身体介護にあたります。身体介護は生活支援サービス従事者の業務ではありません。生活支援サービス従事者が行うのは、あくまで「買い物代行」です。

②買い物代行支援

　買い物代行は、日常生活に必要な物に限られます。デパートや専門店での買い物は対象外です。生活に困るものを代わりに購入してお金を精算します。

(1) 買うものは決めておく

　事前に必要なものを聞き取り、品名、個数を確認して、買い物リストを作ります。どこの店で、どのメーカーのものを買うのか、細かく確認して作成します。チラシなどを見ながら聞き取ると明確になりやすいでしょう。

　そして、買い物に行ったら、頼まれていないものは買いません。いますぐ必要のないものは優先順序を決めて買うようにします。最近は配達サービスがある店も増えています。水や醤油、米、味噌、酒などの重いものは配達してもらうことを提案しましょう。

　買う物が売り切れてしまってない場合や、希望するメーカーではない、似たような商品があった場合はどうするかなども聞いておきます。違うものを購入して「返してきて」と言われるようなことがないようにします。

生活支援技術

> **【注意】**
> 買い物とお金は表裏の関係です。お米が少なくなっていることに気づいたとき、「お米があと1合です」と事実を言うのと、「お米がないので買いましょう」と言うのでは違います。「今週はあるもので食事しよう」などと買い物計画を考えて、金額が高いものを我慢している人もいます。利用者が生活の中心であることを常に意識しましょう。

(2) 買い物に出かける前に相談を

できる限り、買い物に出かける前に、利用者と細かく決めておきます。ない場合には近くの別の商店に行ってみるか、別のものを購入するか、あるいは今回は買わずに次回購入するかなどを事前に確認しておきます。日ごろからコミュニケーションをとり、要望や好みを確認しておきましょう。

(3) 支払いとお金の出し入れ

買い物に出かける前に預かった金額はしっかり書き留めて利用者に確認してもらい渡します。購入したら、領収書を必ずもらい、帰宅後に精算します。領収書は記録に貼って利用者宅で保管します。銀行などでのお金の出し入れは、生活支援サービス従事者は行いません。家族がおらず、一人ではできないという場合には、地域の社会福祉協議会の「自立支援事業」を紹介しましょう。

チェックポイント
・生活支援サービスの内容と位置付けが理解できましたか？
・各サービスの留意点がわかりましたか？

第 2 章　生活支援のための知識と技術

§5 リスクマネジメントと緊急時の対応

> 学習のポイント
> ・利用者の事故予防に何が必要かを学びましょう。
> ・緊急時の対応方法を学びましょう。

1 支援時に注意すべきこと、安全管理の方法

①リスクマネジメントとは

　リスクマネジメントとは、危険や事故を未然に予防したり、また万が一、事故が発生した際には被害を最小限に抑えることをいいます。

　とくに事故にはつながらなかったものの、利用者の身体に危険が及びそうになった（ヒヤリハット）ということがあれば、それは、今後大きな事故が起こる危険性をはらんでいるということです。そのようなことがあれば、そのままにせず、その原因を分析し対策を立てて、その後の支援に生かすことが、事故を未然に防ぐうえで大切です。また、ヒヤリハット事例がなくても、事故につながるリスクにはどのようなものがあるかを事前に知り、予測することも大切です。

②感染予防

　感染症は、細菌やウイルスなどの病原体が原因で起こる病気です。風邪やインフルエンザ、水虫などがありますが、高齢になると病気への抵抗力が落ちるため、若くて健康なときとは違い、身の回りに普通にいる細菌やウイルスなどが原因となって感染症を引き起こすこと（日和見感染）があります。また、いったん感染すると重症化しやすく、回復に時間がかかることもあるので、正しく理解し、予防や介護にあたりましょう。

　主な感染経路には、次のようなものがあります。

空気感染	病原体が微粒子となって空気中を漂い、鼻や口に入って感染する	結核、ノロウイルスなど
飛沫感染	患者の会話や咳、くしゃみで飛んだ病原体を含むしぶきを吸い込むことで感染する	風邪、インフルエンザなど
接触感染	患者、保菌者、病原体が付着した物品などに接触して感染する	白癬（水虫）、梅毒など

　感染経路を遮断するためには、マスクの着用、手洗いやうがいの励行、清潔なエプロンの使用、排せつ物や血液などの体液に触れるような場合は、使い捨て手袋を着用するなど、必要な対策をします。利用者を感染させないだけでなく、自分自身の感染予防のためにも、しっかりと覚えておきましょう。

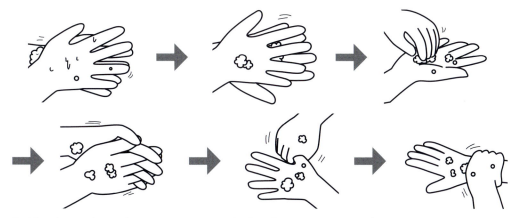

手の洗い方は、流れる水で石けんをつけ、爪や指と指の間、手の甲などを洗います。乾かすときも清潔なタオルを使います。

第2章 生活支援のための知識と技術

③転倒予防

　転倒・骨折は介護が必要になる原因の第4位です。高齢者は転びやすいうえ、若いときよりも骨がもろくなっているため、予防が重要です。

　転倒予防には、第一に高齢者の下肢の筋力を強化することに一定の効果があります。また、転倒時に股関節を保護するヒップ・プロテクターなどを使用することで骨折を予防できる場合もあります。最近では低栄養によるふらつきが原因の転倒が増えています。食生活の支援も重要です。

　そして、転びにくい環境整備が大切です。転びにくい環境整備には、以下のようなものがあります。

- 出入口等の段差を解消する
- 廊下など足元に物を置かない
- 移動範囲に配線コードなどを出さない
- カーペットの波打ちやめくれを修復する
- 移動範囲の明るさを調節する
- 浴室など濡れて滑りやすい場所は滑り止めを考える
- 床に水をこぼしたらすぐに拭きとる
- 滑りにくい履物を使用する
- 適切な位置に手すりを設置する

2 緊急時の対応法

①応急処置

ケガや事故が起こったとき、できるだけよい状態に保つことが応急処置です。応急処置を適切に行うと、そのあとの治療や回復に大変役立ちます。

(1) やけど

やけどの範囲が広いほど血液成分が多く失われ、全身の血液循環が悪化していくためにショックを起こし、生命の危険な状態となります。その目安は、大人では体表面積の20％でショック状態の危険性があるので、そのようなときはすぐに救急車を呼びましょう。

患部を一刻も早く冷たい水で冷やすことが手当の基本です。痛さと熱さを感じなくなるまで冷やします。衣服を着ている場合は、水ぶくれを破らないように衣服の上から冷やします。

(2) 転倒などによるケガ

● 出血している場合

出血量が多いときは、患部に清潔なガーゼ等を当てて、強く圧迫します。手足は、心臓より高い位置に上げると血が止まりやすくなります。頭や額からの出血は、枕などで頭の位置を高くします。

● 骨折のおそれがある場合

激痛や動かない部分があったり、腫れや変色がみられる場合は、ねんざや骨折のおそれがあります。骨折が疑われるときは、まず傷や出血の手当てをしてから、タオルなど柔らかいものを巻いたうえで副え木などを用いて、そのままの状態で固定します。

第2章　生活支援のための知識と技術

②心肺蘇生法（生活支援サービス従事者は自らがするより人を呼び、緊急を早く伝えることが役割です）

● 回復体位とは

吐いたものがのどに詰まらないように横向きに寝かせ口元を床に向けた体位のことをいいます。上側の手はあごの下に入れます。

発見時に心停止状態であれば、救急車が到着するまでの間、心肺蘇生法を行います。

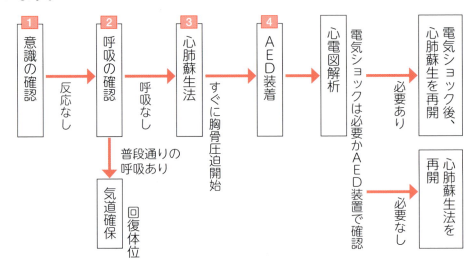

(1) 意識の確認

まず周囲の安全を確認します。次に、軽く肩をたたきながら、大声で呼びかけて意識の確認をします。反応がない場合は、周囲の人に協力を求め、119番通報とAED（自動体外式除細動器）の手配を依頼します。

(2) 呼吸の確認

胸や腹部の上下動きで呼吸の確認をしますが、10秒以上かけないようにします。呼吸がないときは、ただちに心肺蘇生法を開始します。

普段どおりの呼吸が認められるときは、回復体位をとって救急隊の到着を待ちます。

⑶ 心肺蘇生法

心肺蘇生法は、胸骨圧迫から開始します。人工呼吸を行う場合は、胸骨圧迫と人工呼吸を30対2の割合で行います。

● 胸骨圧迫の方法

・胸骨の真ん中に両手のひらの付け根の部分を重ねて置く
・胸骨が4～5センチくらい沈むまで押し下げたら力をゆるめる。これを1分間に約100回行う

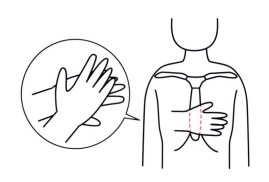

⑷ AED装着

AEDとは、心電図自動解析装置を内蔵した医療機器のことです。自動的に心電図解析が行われるので、音声ガイドに従って電気ショックを行います。

③ 救急隊が到着したら

救急隊が到着したら、発生からそれまでの容体の変化と応急処置の内容を報告します。持病や服薬があるときは、その病名や薬名、かかりつけ医（病院名）も伝えます。

> チェックポイント
>
> ・リスクマネジメントの具体的方法を理解できましたか？
> ・緊急時の対応方法を理解できましたか？

第2章　生活支援のための知識と技術

コラム　こんなときどうしますか？
生活支援サービスで困ったこと

　生活支援サービスを提供していると、さまざまなことが起こります。
　困ったときには、一人で判断せずに所属している事業所（組織）へ連絡し、確認しましょう。ここでは、よくある困りごとを紹介します。

Case 1
壊れそうな家電ですが、このまま使用してよいでしょうか。

対応例：現在の状態を利用者や利用者の家族に確認してもらい、管理者などにも相談・報告しましょう。

Case 2
一人暮らしの男性利用者宅へ女性一人で行くのは不安ですが、どうしたらよいでしょうか。

対応例：不安な内容を管理者と相談しましょう。男性の従事者がいる場合は男性が訪問するようにするとよいでしょう。いない場合は複数での訪問なども検討します。管理者などに相談しましょう。

Case 3
ネズミがいますが、駆除しなくてよいでしょうか。

対応例：生活支援サービス従事者は、事業所と利用者との間でとり決められた業務以外は行えません。管理者などに相談し、地域の保健所などへ相談することを提案するとよいでしょう。

巻末資料

1. 介護専門職のキャリアパス
2. 組織・活動グループづくり

巻末資料

1 介護専門職のキャリアパス

① 介護専門職の現状

　介護職員の人数は、介護保険制度創設の2000（平成12）年度に約55万人でした。その13年後の2013（平成25）年度には約171万人と、約3倍に増加しました。

　これだけ増えても、介護人材は不足しています。さらに厚生労働省が2015（平成27）年5月に発表した資料によると、2025年度には「介護人材の需要見込み」が253万人、「現状推移シナリオによる介護人材の供給見込み」が215.5万人で、37.7万人が不足すると報告されています。

　このように介護人材が求められる社会においては、生活支援サービス従事者も重要な介護人材であり、キャリアアップをめざすことも可能です。働きながら研修を受ける、実務経験を積むなど、生活支援サービス従事者のなかから、介護専門職としてさらに大きな役割を果たす人が出てくることが望まれています。

② キャリアパス

　少子高齢化が進む我が国において介護人材を安定的に確保していくためには、介護現場を魅力ある職場としていくことが課題であり、そのためには介

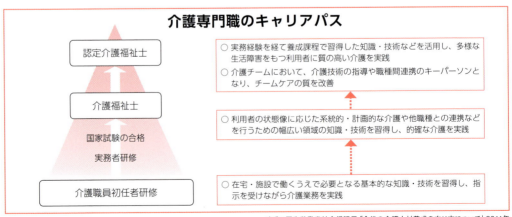

出典：厚生労働省社会援護局「今後の介護人材養成の在り方について」2011年

護の世界で生涯働き続けることができるという展望を持てる必要があるとされています。介護専門職のキャリアパスの整備・一本化の方向性が左の図のように示されています。

(1) 介護職員初任者研修（旧・ホームヘルパー＜訪問介護員＞2級）

介護職員初任者研修は、在宅・施設を問わず、職場の上司の指示を受けながら基本的な介護業務を実践できることを目的として行われるものです。資格を取得するには、130時間の講習を修了することが定められています。

(2) 実務者研修（旧・介護職員基礎研修、ホームヘルパー1級）

実務者研修は、介護職として働くうえで必要な介護過程の展開や認知症等についての知識や考え方も学んでいきます。資格を取得するには、450時間の講習を修了することが定められています。ただし、過去に介護職員初任者研修、介護職員基礎研修、訪問介護職員養成研修、その他の全国研修（認知症介護実践者研修、喀痰吸引研修等）を受講した者については、実務者研修の課程の一部が免除されています。

(3) 介護福祉士

介護福祉士は、専門的知識および技術をもって、利用者の状態像に応じた系統的・計画的な介護や医療職との連携などを行うための国家資格です。資格を取得するには、初任者研修修了者の場合は、「実務経験3年以上」＋「実務者研修（320時間）」＋「国家試験（筆記）」が、実務者研修修了者の場合は「実務経験3年以上」＋「国家試験（筆記）」が必要になります。

(4) 認定介護福祉士

介護福祉士の次のステップとして新設が予定されているのが認定介護福祉士です。幅広い知識・技術を身につけ、より質の高い介護を行い、介護チームのなかで介護技術の指導や多職種連携のキーパーソンとなり、チームケアの質を改善していけるレベルを目的に考えられています。その具体的な研修内容等については、2015（平成27）年12月に「認定介護福祉士認証・認定機構」が設立され決められています。

2 組織・活動グループづくり

① NPO法人とは

　生活支援サービスの担い手として活動するには、社会福祉協議会やシルバー人材センター、地域のNPO法人など総合事業の多様なサービスを行っている団体やグループに所属するか、グループをつくる必要があります。これらの団体は、助け合い活動を有償ボランティアで行っています。NPO法人は、「地域のために役に立ちたい」などの思いを共有する人々が集まってグループをつくり、非営利で活動を行っている団体です。同様の市民活動をしていて法人格をもたない団体は任意団体といい、自由につくることができます。ボランティア団体の多くは任意団体です。法人格をもたない場合は、介護保険の事業主体にはなれません。

　「NPO」とは「Non-Profit Organization」または「Not-for-Profit Organization」の略称で、さまざまな社会貢献活動を行い、団体の構成員に対し、収益を分配することを目的としない団体の総称です。したがって、収益を目的とする事業を行うこと自体は認められますが、事業で得た収益は、職員の労働環境の改善やさまざまな社会貢献活動にあてることになります。さまざまな分野（福祉、教育・文化、まちづくり、環境、国際協力など）で、社会の多様化したニーズに応える重要な役割を果たすことが期待されています。

　このうち、特定非営利活動促進法に基づき法人格を取得した法人を、「特定非営利活動法人(NPO法人)」と言います。法人格をもつことによって、法人の名の下に取引などを行うことができるようになり、団体名義での契約締結や土地の登記など、団体がいわゆる「権利能力の主体」となり、団体自身の名義において権利義務の関係を処理することができるようになります。NPO法人を設立するためには、所轄庁に申請をして設立の「認証」を受けることが必要です。認証後、登記することにより法人として成立することに

なります。

　認定特定非営利活動法人(認定NPO法人)とは、NPO法人のうち実績判定期間（直前の2事業年度）において一定の基準を満たすものとして所轄庁の「認定」を受けた法人のことです。認定NPO法人になると、税制上の優遇措置を受けることができます。

② 活動を始める

　ボランティア活動を始める際は、利用者・ボランティア双方が楽しめるものから始めるとよいでしょう。訪問型サービスを行いたいと考えていても、個人宅訪問の前にまずは認知症カフェなどからスタートする方法もあります。地域の顔やニーズが見えやすく、また地域からの信用が得られやすくなります。

　任意団体をつくることは簡単ですが、継続することは容易ではありません。活動を継続する場合、何らかの支援が必要となることもあります。相談機関、助成金など、支援情報を受け取る技術を備えておきたいものです。また、福祉祭りや交流会などに参加し、活動実績を知ってもらうことも大切です。そして、地域資源として自治体から認められるよう、働きかけましょう。活動を続けやすくなるほか、信頼度が増して、地域福祉に貢献している喜びを仲間たちとともに得ることもできます。

③ ボランティア団体を設立する
(1) ボランティア団体を立ち上げる
1) 福祉やボランティアについて学ぶ

　地域で開催されているボランティア養成研修などに参加して学習します。取り組みたい分野が固まるまでさまざまなセミナーに参加してみるとよいでしょう。また、初任者研修など介護系の公的資格が取得できる講習を受講するのもおすすめです。

> ○介護系資格研修
> 　介護職員初任者研修、実務者研修、ガイドヘルパー養成研修、福祉用具専門相談員養成研修
> ○ボランティア関連講習
> 　傾聴ボランティア養成研修、認知症サポーター研修、家庭介護講習、介護予防講習コミュニティカフェ養成研修、高齢者疑似体験など体験研修

2）仲間をつくる

　一人で活動することもできますが、協力者（仲間）がいると活動を継続しやすくなります。ボランティア養成研修などの講習会は、協力者を見つける場としても有効です。

3）団体を立ち上げる

　仲間が3人も集まれば立派な団体です。打ち合わせを重ねて団体として大切な団体名称、代表者、団体住所・連絡先と、活動の目的・目標を定めます。団体をつくったら、地域の社会福祉協議会にボランティア団体として登録すると、他団体と交流することができます。

(2) 活動を行う

1）最初の活動

　団体を立ち上げたばかりでの失敗はできるだけしたくありません。背伸びせずに、できることから始めましょう。始める際には、同様のことをしている団体を調べ、見学して準備を進めます。

　活動会場は、公共施設を使うと広報しやすくなります。また、ケガ等の対応策としては、社会福祉協議会のボランティア保険に加入するのもよいでしょう。

> ○比較的始めやすい活動
> 　お茶会、食事会、お話し会、勉強会、各種教室、歌声喫茶、介護予防体操

組織・活動グループづくり

2）活動をとおして仲間を増やす

　仲間が10人前後になったら、幅広い活動ができるようになります。しかし、同時に団体としての責任も大きくなります。頃合いを見て、年度計画や規約を決める会合を開き、目的・目標の再確認をしましょう。

> ○仲間を増やしやすい活動
> 　講演会、上映会、被災地訪問ツアー、認知症カフェ、ゲームなどの脳トレ教室

(3) 持続可能な団体の運営

　せっかくつくった団体ですから、できれば長く続けたいものです。一概には言えませんが、長く続けるコツの一つは、身の丈に合った活動をすることです。団体の特徴を考慮して、活動の回数・量を見計らっていきましょう。そのうえで実績を積むと、生活支援サービスの担い手として訪問型・通所型サービスA、Bを提供できる団体になることも可能でしょう。

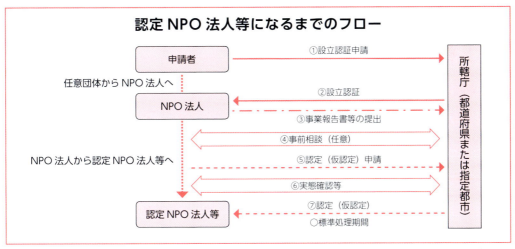

出典：内閣府NPOホームページ「特定非営利活動促進法に係る諸手続の手引き」より改変

　最後に日常生活支援サービスを行う場合に活用できる個別支援計画表（例）を掲載します。一つの例として参考にしてください。

巻末資料

日常生活支援サービス個別支援計画表（例）

利用者名：	様（男・女）	住　所	
		家族構成	独居　老夫婦　同居（仕事あり　仕事なし　）
緊急時連絡先氏名　　　☎		作成者	作成日：　　年　　月　　日
生年月日：明・大・昭　　年　　月　　日（　　歳）		健康状態等	

現在の状況	どちらかに○をつける	支援の具体的な内容
調理について		
◆身体面		◆身体面
歩行できるか（ふらつくようなことはないか）	はい・いいえ	
立った状態（立位）でいられるか（ふらつくようなことはないか）	はい・いいえ	
◆日常生活動作等		◆日常生活動作等
包丁など調理道具を使うことができるか	はい・いいえ	
ガス器具や電子レンジを使うことができるか	はい・いいえ	
食べ物を適切に保存できるか	はい・いいえ	
◆環境面		◆環境面
調理台の高さは合っているか	はい・いいえ	
ガス台のまわり（火気）は安全か	はい・いいえ	
動線上に危険なところはないか（段差、床に物が置いてあるなど）	はい・いいえ	
◆心理面		◆心理面
調理をする意欲はあるか	はい・いいえ	
洗濯の支援について		
◆身体面		◆身体面
立った状態（立位）でいられるか	はい・いいえ	
座った状態（座位）は安定しているか	はい・いいえ	
歩行できるか（ふらつくようなことはないか）	はい・いいえ	
◆日常生活動作等		◆日常生活動作等
洗濯機を使うことができるか	はい・いいえ	
たらいや洗面器で手洗いができるか	はい・いいえ	
適切な洗剤の量がわかっているか	はい・いいえ	
洗濯物を干すことはできるか	はい・いいえ	
洗濯物を取り込むことができるか	はい・いいえ	
洗濯物をたたむことはできるか	はい・いいえ	
たたんだものを保管場所にしまうことができるか	はい・いいえ	
◆環境面		◆環境面
洗濯機はどこに置いてあるのか		
洗濯物をどこに干すのか		
たたんだ洗濯物をどこにしまうのか		
◆心理面		◆心理面
洗濯をする意欲はあるか	はい・いいえ	
掃除について		
◆身体面		◆身体面
立った状態（立位）でいられるか	はい・いいえ	
腰を曲げた前屈姿勢ができるか	はい・いいえ	
歩行できるか（ふらつくようなことはないか）	はい・いいえ	
◆日常生活動作等		◆日常生活動作等
掃除機を使うことができるか	はい・いいえ	
ほうきなどの掃除道具を使えるか	はい・いいえ	
雑巾がけができるか（しぼる、拭く）	はい・いいえ	
風呂掃除はできるか	はい・いいえ	
ものを片づけることができるか	はい・いいえ	
不要なものを選別して捨てることができるか	はい・いいえ	
ゴミを選別することができるか	はい・いいえ	
ゴミ収集日を理解しているか	はい・いいえ	
ゴミを出しに行けるか	はい・いいえ	
◆環境面		◆環境面
掃除機は利用者が操作できるものか	はい・いいえ	
掃除機やほうきは取り出せるところにあるか	はい・いいえ	
ゴミ集積場所は利用者が行けるところか	はい・いいえ	
◆心理面		◆心理面
掃除をする意欲はあるか	はい・いいえ	
整理・整頓する意欲があるか	はい・いいえ	

参考文献

- 『介護職員初任者研修課程テキスト1　介護・福祉サービスの理解（第4版）』日本医療企画
- 『介護職員初任者研修課程テキスト2　コミュニケーション技術と老化・認知症・障害の理解（第4版）』日本医療企画
- 『介護職員初任者研修課程テキスト3　こころとからだのしくみと生活支援技術（第4版）』日本医療企画
- 『やさしい日本語とイラストでわかる　介護のしごと』日本医療企画
- 『まるわかり！　2015年度介護保険制度改正のすべて』日本医療企画
- 『介護の基本テキスト　はじめて学ぶ介護』日本医療企画
- 『高齢者に生じやすい症状』日本医療企画
- 『認知症患者への理解と気づき』日本医療企画
- 内閣府「平成29年版高齢社会白書」

監修、編集・執筆協力者一覧

【監修】

公益社団法人　長寿社会文化協会（WAC：Wonderful Aging Club）

　1988年4月に経済企画庁（現・内閣府）を主務官庁として社団法人に許可された長寿社会を市民参加で作ろうとする団体です。1995年7月には、厚生省（現・厚生労働省）が共管として主務官庁に加わりました。2010年6月には公益社団法人となり、設立30年目になります。全国各地に会員がおり、豊かな高齢者社会を築くために中高年の経験と能力を活かし、地域でボランティア活動をはじめ、就労、趣味の仲間づくりなど、積極的に社会参加をしています。また介護保険が導入される前の1998年から介護教室を全国で開講し、ホームヘルパーを養成し、修了生はグループをつくってＮＰＯ法人をたちあげ、地域の高齢者や障害者の方の家事援助や介護を行っております。

　地域コミュニティづくり、世代をこえた助け合い活動、生涯学習の推進、高齢社会の調査・研究・提言活動などを行うことが目的の団体です。

ホームページ　http://www.wac.or.jp/

【編集・執筆協力者一覧】

服部万里子　（服部メディカル研究所所長）

内田千惠子　（公益社団法人東京都介護福祉士会　元副会長）
大谷美代子　（特定非営利活動法人生活支援センター　あらかると）
浜　　洋子　（特定非営利活動法人福祉コミュニティ大田　代表）
中村　清子　（認定特定非営利活動法人ケア・ハンズ　代表）
西本由美子　（認定特定非営利活動法人暮らしネット・えん　副管理者）
西野　智子　（特定非営利活動法人東京山の手まごころサービス　副代表理事）

小町　純一　（公益社団法人長寿社会文化協会常務理事　事務局長）
小林　里美　（公益社団法人長寿社会文化協会常務理事　千葉県福祉ふれあいプラザ
　　　　　　　統括責任者）
平野　陽子　（公益社団法人長寿社会文化協会常務理事　研修・教育事業部課長）
浅川　明子　（公益社団法人長寿社会文化協会理事　高齢者疑似体験うらしま太郎
　　　　　　　インストラクター）
小山　　環　（公益社団法人長寿社会文化協会事務局　編集担当）

地域を支える人材を育てる 生活支援の基本テキスト
はじめて学ぶ 生活支援 第2版

2016年5月14日初　版第1刷発行
2019年1月20日第2版第1刷発行

監　　修　　公益社団法人 長寿社会文化協会
発 行 者　　林　　諄
発 行 所　　株式会社日本医療企画
　　　　　　〒101-0033
　　　　　　東京都千代田区神田岩本町4-14 神田平成ビル
　　　　　　TEL 03-3256-2861（代）
印 刷 所　　大日本印刷株式会社

ISBN978-4-86439-699-8 C2036　　©WAC Printed in Japan, 2019
定価は表紙に表示しています。
本書の全部または一部の複写・複製・転訳等を禁じます。
これらの許諾については小社までご照会ください。